Heidi Lindner

Rolf Zuckowski
und seine Lieder

Bewegung mit Musik macht Kinder stark

Fantasievolle Bewegungs- und Vorführideen
rund um die Hits von Rolf Zuckowski

Illustrationen von Annie Meussen

Ökotopia Verlag, Münster

Impressum

Autorin Heidi Lindner
Illustratorin Annie Meussen
Lektorin Barbro Garenfeld
Satz Hain-Team, Weimar
Notensatz Michael Gundlach
ISBN 978-3-86702-027-5

© 2007 Ökotopia Verlag, Münster

2 3 4 5 6 7 8 9 10 11 12 • 12 11 10 09 08

Alle Lieder dieses Buches
gibt es auf der CD von Rolf Zuckowski:
Bewegung mit Musik macht Kinder stark
Bewegende Lieder und Instrumentalaufnahmen
bekannter Rolf-Zuckowski-Titel
zum Spielen, Turnen und Tanzen
ISBN: 978-3-86702-028-2

Inhalt

Rolf zu diesem Buch und über Heidi Lindner 4

„Starke Kinder seh'n dir frei und ehrlich ins Gesicht" 5

Herzlich willkommen 6

Ein neues Lied – ein neues Thema – eine Idee! 8

Wir sind Kinder (… der Stoff, aus dem die Zukunft ist) 15

Links und rechts 24

Es macht Spaß 30

Mami, jetzt trimm ich dich fit 42

Starke Kinder spielen … mit sich, mit anderen und für andere 48
    Starke Kinder 50

Starke Kinder träumen … von sich, ihrer Heimat und den Sternen 62
    Meine Heimat ist ein kleiner blauer Stern 62
    Das Wetter 72

Starke Kinder bewegen … sich und andere immer wieder neu 75
    Ich bin sauer 75
    Wie viel Farben hat die Welt 97

Register 104
    Lieder, Musik-Spiel-Ideen, Spielaktionen, Vorführkonzepte, Bastelvorschläge

Die Instrumentalaufnahmen 106

Die Autorin / Der Liedermacher / Die Illustratorin 108

Rolf zu diesem Buch und über Heidi Lindner

Dieses Buch zeigt, dass in „schwierigen" Liedern (wie wohl auch in „schwierigen" Kindern) oftmals ungeahnte Kräfte stecken. Mein Lied „Starke Kinder" hatte eine „schwere Geburt". Es dauerte Monate, bis mir für die Mädchen, vor allem aber für die Jungen, die richtigen Bilder und Vergleiche zum Starksein in den Sinn kamen und dazu auch noch gut singbar „auf der Zunge" lagen. Was Heidi Lindner, mit der mich viele erfolgreiche „bewegte" Konzerte und Seminare verbinden, nun aus diesem Lied herausgefiltert hat, übersteigt alles, was ich je erwarten durfte. Ein wahres Füllhorn von Anregungen tut sich auf, um Kinder durch Musik, Spiel und Bewegung stärker zu machen.

Jedes Kind ist anders und soll in seiner Unverwechselbarkeit gefördert und in die Gemeinschaft eingegliedert werden. Dazu leisten die vielen individuellen Ideen in diesem Buch sicherlich einen wertvollen Beitrag.

Rolf Zuckowski

„Starke Kinder seh'n dir frei und ehrlich ins Gesicht"

Woran erkennen wir starke Kinder? An ihrer Körpergröße, ihrem Gewicht, einer lauten Stimme, an ihrer Durchsetzungsfähigkeit, Ausdauer oder Muskelkraft …? An all das hat Rolf Zuckowski wohl gerade nicht gedacht, als er sein Lied „Starke Kinder" schrieb. Viel mehr beschäftigte er sich mit den emotionalen und sozialen Fähigkeiten und der Kraft, die in Kinderseelen steckt. Schaut man sich die Textzeilen des Refrains einmal genauer an, so fällt auf, dass den besungenen emotionalen und sozialen Stärken entsprechende körperliche bzw. motorische Fähigkeiten zugeordnet werden können.

„Starke Kinder halten felsenfest zusammen …"
Ein Kind braucht zunächst selbst ausreichenden Halt in der Familie bzw. in der Gemeinschaft. Es muss mit beiden Füßen sicher auf dem Boden stehen und in aufrechter Haltung durchs Leben gehen, benötigt kräftige Arme und geschickte Hände, um sich selbst halten bzw. festhalten zu können und auch anderen Halt zu geben.

„… ihre Rücken lassen sie sich nicht verbiegen …"
Doch wer sorgt dafür, dass Kinder mit einem gesunden geraden Rücken aufwachsen? Täglich ausreichende Bewegungszeit schafft die Voraussetzungen für einen gesunden Rücken, egal in welchem Alter.

„… Starke Kinder, die zwingt keiner in die Knie …"
Oder doch? Wie sollen Muskeln, Knochen und Gelenke den Anforderungen des Alltags gewachsen sein, wenn bereits die Kleinkinder den überwiegenden Teil des Tages im Baby-Wipper, Autositz, auf dem Stuhl oder im Sessel sitzend vor dem Fernseher oder dem Computer verbringen?

„… Starke Kinder haben Kraft, um sich zu wehren …"
Aber nur, wenn wir Erwachsenen dies zulassen. Wenn wir den Kindern die Möglichkeit geben, ihre körperlichen Voraussetzungen zu fördern, sich gesund zu ernähren und ihre Kraft und Stärke zum Wohle der Gemeinschaft einzusetzen, dann lernen sie auch, sich gegen das zu wehren, was nicht gut für sie ist.

„… Starke Kinder wollen nur die Wahrheit hören …"
Also müssen wir uns selbst fragen, sagen wir ihnen die Wahrheit? Wahrheit ist das A und O – und die versteht jedes Kind, wenn sie in einer kindgerechten und verständlichen Form vermittelt wird.

„… und so leicht betrügt man starke Kinder nicht."
Wer Kinder ganzheitlich fördert und ihnen ausreichend Gelegenheit und motivierende Anreize zur Bewegung schafft, wer die Verantwortung annimmt und aktiv die Bewegungsfähigkeit von Kindern verbessert und auch als Erwachsener mit Fantasie und Mut, mit Ideen, Köpfchen und Gefühl jede Möglichkeit wahrnimmt, um Neues auszuprobieren und Altbekanntes wieder selbst zu erleben, der betrügt weder sich selbst noch die Kinder.

Mit einem regelmäßigen Angebot, bestehend aus einer gelungenen Kombination von bewegender Musik und kindgerechter Bewegung wird die Persönlichkeitsentwicklung gefördert. Dann werden auch immer mehr „starke Kinder" unseren kleinen blauen Planeten bevölkern.

Heidi Lindner

Herzlich willkommen

Jeden Morgen heißen wir einen neuen Tag willkommen und im Kindergarten oder in der Schule gibt es ein großes Hallo, wenn die Kinder aufeinander zugehen. Aber hat schon einmal jemand seine Hände, Füße, seine Ohren oder seine Nase begrüßt? Mit Musik werden alle Körperteile liebevoll geweckt und der ganze Körper schwungvoll in Bewegung gebracht.

Musik: CD-Nr. 10 Instrumentalaufnahme, „Herzlich willkommen"
Erfahrungsfeld: Bewegen zur Musik macht Spaß, Wahrnehmung des Körperschemas, Körperteile benennen, Begrüßungsformen kennen lernen
Bewegungsaktivität: Gehen, Hüpfen, Tanzen und Laufen zur Musik

Im Stehen einschlafen und …

Die Spielleitung führt zunächst behutsam in die Bewegungsabläufe ein:
„Stellt euch in einem großen Kreis auf. Seid ihr schon einmal im Stehen eingeschlafen? Stellt euch mit beiden Füßen fest auf den Boden und versucht es einmal. Nichts bewegt sich mehr, kein Zeh, kein Fuß. Die Knie sind ruhig, der Po und der Bauch sind eingeschlafen. Die Arme hängen schlapp, die Hände mit den Fingern zappeln nicht mehr und auch die Nase und die Haare bewegen sich nicht. Wenn ihr möchtet, könnt ihr den Kopf auf die Brust fallen lassen und die Augen schließen. Sobald die Musik beginnt, wecke ich eure Körperteile wieder auf. Ich erzähle euch, welcher Körperteil zuerst wach wird und anfängt, sich zu bewegen."

Musik ab! Nach einigen wenigen „Bollertönen" (2–4) des Vorspiels gehen die Bewegungsanregungen zur Musik weiter.

„Jetzt wecke ich euch auf: Zuerst werden die Augen wach, die Augenlider klappen auf und zu. Die Nase beginnt zu wackeln und der Mund geht auf und zu. Aber passt auf, dass euch die Augen nicht wieder einschlafen …"

Wird die Musik bunter, steigert die Spielleitung das Sprechtempo langsam und benennt immer mehr Körperteile …

„Der ganze Kopf beginnt zu wackeln, der Mund geht auf und zu und die Schultern fangen plötzlich an zu zucken … Schon beginnen die Arme zu schlenkern und die Hände zu winken. Passt auf, dass ihr den Kopf, den Mund und die Augen nicht wieder einschlafen lasst …"

Die Stimme der Spielleitung wird immer aufgeregter, so dass ein fröhliches „Bewegungschaos" entsteht …

„Der Bauch wird wach und der Po, die Knie beugen und strecken sich. Hey, eure Köpfe, Schultern, Hände sind ja schon wieder eingeschlafen. Die Beine zappeln in der Luft und die Füße heben ab, großer Zeh, kleiner Zeh, alle zappeln mit …"

Kurz bevor der Text (nach 56 Sekunden) einsetzt:
„Na, seid ihr alle wach? Also dann geht es ab … hüpft, läuft oder tanzt durch den ganzen Raum."
Musik-Pause (bei 2:30 Min.)
Zur folgenden Musik:
„Alle bewegen sich weiter, gehen, laufen oder hüpfen auf andere zu und begrüßen sich wie üblich per Handschlag oder berühren sich mit verschiedenen Körperteilen, z.B. Schulter an Schulter, Fuß an Fuß, kleiner Finger an kleinen Finger, Po an Po … usw."
Musik-Pause (bei 2:55 Min.)
Weiter zur Instrumentalmusik:
„Jeder bewegt sich nach eigenen Vorstellungen weiter."
Musik-Pause (bei 4:05 Min.)
„Jeder sucht sich einen Partner, fasst ihn an und geht, hüpft, läuft oder tanzt mit diesem weiter."

Einschlafen und Aufwachen im Sitzen oder Liegen

Wenn die Kinder das Spiel schon kennen, bieten sich lustige Einschlaf- und Weckvarianten an:
- Alle sitzen auf dem Boden zum „Einschlafen", dann ist natürlich der Po der letzte, der geweckt wird und in Bewegung kommt.
- Alle liegen auf dem Rücken oder dem Bauch und jeweils Bauch oder Rücken „schlafen" bis zum Schluss, das heißt sie bleiben während der Weckaktion und Zappelei der anderen Körperteile noch am Boden. Das sieht nicht nur lustig aus, es treten ganz andere Muskelgruppen in Aktion als vorher.
- Sind alle wach und auf den Beinen, verläuft das Spiel wie vorher.

Und das sagt Rolf dazu:

Mein Lied „Herzlich willkommen" ist 1983 in der Vorfreude auf unser drittes Kind entstanden. Wir, die Eltern und die beiden Geschwister, wollten das Neugeborene mit diesem Lied begrüßen und haben es mit klopfendem Herzen und einem Glückskloß im Hals getan. Seitdem singe ich jedem neugeborenen Kind in unserer Familie und im Freundeskreis in seinen ersten Lebenstagen dieses „Herzlich willkommen" leise ins Ohr.

Wir alle brauchen aber, ganz unabhängig vom jeweiligen Alter, jeden Tag eine kleine Auffrischung des Willkommenseins in der Gemeinschaft für unser Lebensglück. Das kann ein liebevolles Gewecktwerden sein oder eine aufmunternde Begrüßung, die uns gut tut. Singen im vertrauten Kreis heißt nicht „Vorsingen", es wird nicht bewertet, sondern einfach nur gespürt. Darum sollte sich niemand davor verstecken oder zurückhalten, sondern sich selbst und anderen diese kleinen Glücksminuten gönnen.

Schön, dass ihr da seid – ein Begrüßungstext für besondere Gelegenheiten

Mit den ersten Textzeilen von „Herzlich willkommen" begrüßt Rolf einen kleinen Menschen, der das Licht der Welt erblickt und seine Eltern zum ersten Mal ansieht. Die fröhliche Willkommensstimmung, die sich besonders im Refrain ausdrückt, passt auch zu vielen anderen Gelegenheiten.

Für die Begrüßungssituation in Konzerten, Veranstaltungen und Seminaren schrieb Rolf einen neuen Textanfang. Mit diesem Text, gesungen zur Instrumentalaufnahme, gelingt die Begrüßung einer Gruppe auf ganz besonders herzliche Art. Jeder fühlt sich willkommen und wird auf ein aktives Miteinander eingestimmt.

Wir haben für heut' uns was ausgedacht,
es wär' schön, wenn es euch
ein bisschen Freude macht.
Drum lacht, wenn ihr wollt,
seid nicht höflich und stumm … (kurze Pause)
Denn ihr seid mehr als Publikum.
Singt mit, wenn wir singen.
Spielt mit, wenn wir spiel'n.
Wie wär's, wenn wir uns ab jetzt wie Freunde fühl'n?

*Herzlich willkommen, schön, dass **ihr** da seid,*
*wir haben uns schon so auf **euch** gefreut.*
*Herzlich willkommen, schön dass **ihr** da seid,*
wann gibt's schon mal einen Tag so wie heut.

Schön, dass auch Sie da sind – in diesem Buch.

Ein neues Lied – ein neues Thema – eine Idee!

Auf den folgenden Seiten finden Sie, liebe LeserInnen, vielfältige Bewegungsideen zur Umsetzung mit Kindergruppen, wo immer sie sich befinden: in der Schule, im Kindergarten, im Verein oder zu Hause. Die Ideen lassen sich in unterschiedlichen Räumen oder auch im Freien und mit ganz verschiedenen Materialien durchführen. Der Einsatz von Musik spielt dabei eine große Rolle. Dennoch sind die Ideen auch ohne Musikanlage umsetzbar, denn in den meisten Fällen kann zu den Aktivitäten selbst gesungen, Geräusche gemacht oder musiziert werden.

Die einzelnen Beiträge verstehen sich als eine Sammlung voller Spiel- und Bewegungsanregungen, aus der sich Spiel- bzw. Kindergruppenleitungen ihr ganz eigenes Angebot bzw. Projekt zusammenstellen können.

Die für dieses Buch extra zusammengestellte CD enthält neun Lieder und acht Instrumentalaufnahmen bekannter Lieder von Rolf Zuckowski, zu deren Instrumentalbegleitungen die Melodien neu eingespielt wurden. Den einzelnen Titeln werden passende Bewegungsarten zugeordnet, wie etwa Gehen, Laufen, Hüpfen, und die Tempi den kürzeren Schritten der Kinder angepasst. Das könnte manchem Erwachsenen etwas ungewöhnlich erscheinen, wenn er sich gemeinsam mit den Kindern bewegt. Die Kinder benötigen allerdings ein richtiges Bewegungsvorbild, eine möglichst rhythmisch sichere Vorturnerin bzw. einen Vortänzer mit Taktgefühl, die sich diesen Tempi anpassen und die eigene Bewegungsmotivation auf die Gruppe übertragen.

Auf Altersangaben wurde in diesem Buch bewusst verzichtet, da sich die Umsetzbarkeit der Lieder und Bewegungsanregungen sehr stark danach richtet, wie sich die Gruppe altersmäßig zusammensetzt, welche Vorerfahrungen bestehen und in welcher Art und Weise die Gruppe angeleitet wurde und wird. Die Anforderungen sowohl an die Voraussetzungen und Erfahrungen der Kinder, als auch an die Gruppenleitung bezüglich der Organisation und der Vorbereitung von Requisiten und Kostümen werden im Verlauf des Buches anspruchsvoller, so dass es sich empfiehlt, mit den leichteren Spielideen am Anfang zu beginnen.

Wie entsteht eine Musik-Spiel-Idee?

Jeder Mensch reagiert beim Anhören eines neuen Musikstückes auf ganz individuelle Art. Die einen hören die Musik und finden sie einfach nur schön oder auch nicht so anregend. Andere hören dasselbe Stück und fühlen sich sofort inspiriert zum Mitsingen, zur Bewegung, zum Hüpfen oder Tanzen, zum Bilder malen, oder zu umfangreicheren Ideen wie Bewegungstheater, Ballett oder der Gestaltung eines Musicals. Rolf Zuckowskis Lieder geben Erwachsenen und Kindern vielerlei Anregungen zum Nachdenken, zum Überdenken oder gar zum Umdenken. Sie setzen in jedem Zuhörer etwas in Bewegung, sei es eine leichte Schwingung von Gefühlen, ein Gedanke, den es lohnt weiterzudenken, eine Idee, die anfängt zu wachsen, oder einfach Hände und Füße, die beginnen, im Rhythmus der Musik zu wippen oder zu tanzen.

Die Musiktitel mit einem für Kinder verständlichen Text liefern Gruppenleitungen und ihren Kindern Anregungen zu ganz unterschiedlichen Projekten, wie sie im Folgenden beschrieben sind:

✦ zum Erlernen des Liedes in altersgemäßen Schritten. Hier kann z. B. mit dem meist eingängigen und

wiederkehrenden Refrain begonnen werden, bevor sich die Strophen nach und nach anschließen.
- ✦ zur Inspiration für Gesprächsanlässe und Lernsituationen
- ✦ zu Gestaltungs- bzw. Bastelprojekten, die sich aus dem Inhalt bzw. dem Liedtext ergeben
- ✦ zum Sammeln von Ideen für eine Spielaktion oder
- ✦ zur Choreografie für eine Vorführung.

Die Erweiterung des Bewegungsrepertoires durch kindgerechte Methoden, bei denen Spaß und Bewegungsfreude im Vordergrund stehen, trägt dabei immer auch zur positiven Persönlichkeitsentwicklung der Kinder bei. Ganz im Sinne des Liedes „Wir sind Kinder, der Stoff, aus dem die Zukunft ist" gilt es diesen „Stoff" zu hegen, zu pflegen und in liebevoller, freudiger Atmosphäre heranwachsen zu lassen.

Doch nun tauchen Sie ein in die Lieder und Spielideen und lassen Sie sich motivieren, „ihre Kinder" durch Bewegung, Spiel und Spaß zur Musik im wahrsten und im übertragenen Sinne des Liedtitels auf den Weg zu bringen, „starke Kinder" zu werden.

Musik-Spiel-Ideen bewegen und fördern

Die Sammlung von Musik-(Stopp-)Spielideen in diesem Buch verfolgt hauptsächlich das Ziel, den MitspielerInnen, – egal ob groß oder klein, dicker oder dünner, jung oder alt – Spaß an der Bewegung zur Musik zu vermitteln. Nebenbei lernt jeder sich selbst und seine Fähigkeiten besser kennen, kann bei offenen Aufgabenstellungen der eigenen Fantasie und Kreativität freien Lauf lassen und die Gefühle und Empfindungen durch Bewegung zum Ausdruck bringen.

In der Gruppe wird deutlich, dass man ein Musikstück sehr unterschiedlich interpretieren und in Bewegung umsetzen kann. Während die einen z. B. spontan laufen, nehmen andere den Hüpfrhythmus derselben Musik auf. Oft „diktiert" die Musik uns die Bewegungsformen und unser Körper scheint zu spüren, ob zu den Klängen schnelle oder langsame, kurze und abgehackte oder weiche und schwingende, laute oder leise Bewegungen passen. Manchen Menschen fällt es leicht, sich im richtigen Takt der Musik zu bewegen, andere brauchen mehr Übung oder Anregung. Wichtig ist, dass die Kinder ausreichend und möglichst regelmäßig Gelegenheiten zur Bewegung erhalten. Langsame, ruhige Musikstücke „schwingen" die Kinder im wahrsten Sinne des Wortes eher in den Takt, als schnelle rhythmische Titel.

Instrumentalmusik eignet sich für Musik-(Stopp-)Spielideen besser, weil sich die Konzentration auf die Musik, deren Grundstimmung und Rhythmus richtet. Texte beeinflussen die Bewegungen unbewusst oder bewusst. Ein Beispiel: Die Aufgabe, allein durch den Raum zu gehen, ohne einander zu berühren, wird schwer fallen, wenn gleichzeitig aus dem Lautsprecher der Text „Starke Kinder halten felsenfest zusammen …" ertönt.

Wenn Spielmaterialien, Requisiten oder Handgeräte zusätzlich ins Spiel kommen, die ihrerseits Eigendynamik entwickeln, z. B. Luftballons oder Bälle, bietet die Musik-Stopp-Spielidee der Gruppenleitung einen kindgerechten Ordnungsrahmen. Sehr schnell und spielerisch lernen die Kinder die Spielregel: Solange die Musik erklingt, darf mit den Materialien gespielt oder gezielt geübt werden. Stoppt die Musik, wird alles still und jeder hört zu, wie es weitergeht.

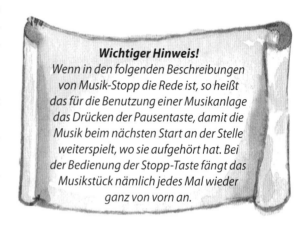

Wichtiger Hinweis!
Wenn in den folgenden Beschreibungen von Musik-Stopp die Rede ist, so heißt das für die Benutzung einer Musikanlage das Drücken der Pausentaste, damit die Musik beim nächsten Start an der Stelle weiterspielt, wo sie aufgehört hat. Bei der Bedienung der Stopp-Taste fängt das Musikstück nämlich jedes Mal wieder ganz von vorn an.

Musik-Stopp-Spielideen lassen sich auch ohne Musikanlage an jedem Ort durchführen. Hierfür teilt man die Mitspieler in zwei Gruppen. Die eine Gruppe macht die Musik, singt eine bekannte Melodie mit verschiedenen Lauten La, la, la …, do, do, do, … oder klatscht, schnipst, trampelt o. Ä., während sich die zweite Gruppe bewegt. Legt die Gruppenleitung ihre Hand vor den Mund, machen es die Musikanten nach und die Musik stoppt. Wichtig ist der Rollentausch, damit sich alle einmal bewegen.

Die unzähligen Möglichkeiten, die sich durch Musik-Stopp-Spielideen oder durch die Abwechslung von Einzel-, Partner- und Gruppenaufgaben ergeben, können im Folgenden nur beispielhaft angedeutet werden. Es lohnt sich, die Fantasie der Kinder anzuregen, ihre Ideen aufzugreifen und zu sammeln. Manchmal entsteht aus einer klitzekleinen Anfangsidee im Laufe mehrerer Übungseinheiten eine spannende Bewegungsgeschichte, die durch Requisiten und Kostüme zu einer kleinen Aufführung werden kann.

Die Ohren spitzen beim Gehen

Mit diesen einfachen Aufgaben werden die Kinder darauf vorbereitet, genau zuzuhören bzw. wahrzunehmen, ob Musik spielt oder nicht, und lernen entsprechend zu reagieren.

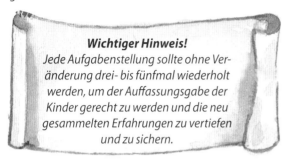

Wichtiger Hinweis!
Jede Aufgabenstellung sollte ohne Veränderung drei- bis fünfmal wiederholt werden, um der Auffassungsgabe der Kinder gerecht zu werden und die neu gesammelten Erfahrungen zu vertiefen und zu sichern.

Musik: CD-Nr. 11 Instrumentalaufnahme „Du gehörst zu uns"
Erfahrungsfeld: Förderung von Aufmerksamkeit, Konzentration und Reaktionsfähigkeit (wenn die Musik stoppt), Orientierung im Raum sowie Variationen des Gehens kennen lernen
Bewegungsaktivität: Gehen zur Musik; Gehen in verschiedenen Richtungen; Gehen in verschiedenen Formen, z. B. leise und laut, auf Zehenspitzen oder Fersen usw.

Gehen zur Musik

Die Aufgabenstellungen zur Musik variieren, während die Aktivität in der Musik-Stopp-Pause zunächst nicht verändert wird, z. B.:

- „Wenn die Musik gleich erklingt, geht auf eigenen Wegen durch den Raum, ohne einander zu berühren."
- „Wenn die Musik stoppt, setzt euch dort, wo ihr seid, auf den Boden. Wem könnt ihr jetzt zuwinken?"
- „Setzt die Musik wieder ein, geht auf eigenen Wegen weiter …" (3–5mal wiederholen)
- „Versucht bei der nächsten Musik rückwärts zu gehen (alternativ: in Schlangenlinien, seitwärts, mit Kreuzen der Füße, mit ausgebreiteten Armen, auf Bodenmarkierungen …)."

Spielideen in der Musik-Stopp-Pause

Die Aufgabenstellung zur Musik bleibt gleich, während die Aktivitäten in der Musikpause wechseln, z. B.:

- „Geht auf Zehenspitzen durch den Raum. Wenn die Musik stoppt, bleibt auf einem Bein stehen." (3–5mal wiederholen)
- „Beim nächsten Musik-Stopp legt euch auf den Bauch (alternativ: zeigt jemandem eine „lange Nase", klatscht, trampelt …)."

Wer bewegt sich zur Musik?

Während die Musik spielt, bewegen sich nur bestimmte Kinder, z. B.:

- alle, die Turnschuhe anhaben
- alle mit langen/kurzen Haaren
- alle, die etwas Rotes (Blaues, Gelbes …) an ihrer Kleidung finden
- alle Mädchen
- alle Jungen

Die Kinder, die sich nicht fortbewegen, sitzen oder stehen am Platz und begleiten die anderen durch Klatschen, Stampfen, Patschen auf die Oberschenkel, Schnipsen o. Ä.

In verschiedene Richtungen gehen

„Müssen wir immer geradeaus gehen? Probiert einmal aus, wie es ist, wenn ihr in Schlangenlinien, Kreisen, Achten oder anderen Formen geht."

Gehen, Steigen, Kriechen

- „Wie verändert sich der Gang, wenn wir uns vorstellen, dass wir über eine Wiese gehen, auf einen hohen Berg steigen oder durch einen engen Tunnel kriechen?"
- „Wie würdet ihr euch bewegen, wenn der Untergrund eiskalt oder kochendheiß wäre?"

Wer geht denn hier?

„Kennt ihr jemanden, der noch ganz anders geht?"
Viele Tiere gehen auf allen Vieren,
- der Storch zieht seine Knie ganz hoch
- die Riesen machen Riesenschritte

Hüpfen – Hopsen – Springen

Ob ein- oder beidbeinig, mit oder ohne Zwischenfedern, am Platz oder in der Fortbewegung, Hüpfen und Springen zur Musik ist für unsere Kleinen (und auch manchen Erwachsenen) ziemlich schwer. Doch Übung macht den Meister, und die folgenden Bewegungsaufgaben helfen dabei.

Musik: CD-Nr. 13 Instrumentalaufnahme „Kinder sind das Größte"
Material: Stühle, Reifen, Teppichfliesen oder Kissen
Erfahrungsfeld: Förderung von Aufmerksamkeit, Konzentration und Reaktionsfähigkeit (wenn die Musik stoppt), Variationen des Hüpfens, Orientierung im Raum
Bewegungsaktivität: ein- und beidbeiniges Hüpfen in Variationen

✦ die Zwerge machen klitzekleine Tippelschritte
✦ die Musiker im Musikzug marschieren mit steifen Beinen.

Probiert es doch auch einmal.

Und das sagt Rolf dazu:

Es war in einem Kindergarten am Rande von Flensburg, wo die Wiege dieses Liedes stand. Im Nachgespräch zu meinem Konzert fragte ich in der Runde mit den Erzieherinnen, in welcher typischen Situation des Kindergartenlebens sie schon oft ein passendes Lied vermisst hätten. „Bei der Begrüßung neuer Kinder" hieß es spontan. So entstand noch auf der Rückfahrt nach Hamburg im Auto mein Lied „Du gehörst zu uns". Verständlicherweise habe ich es im Sitzen geschrieben, umso mehr freue ich mich, wie viele Kinder und Erwachsene nun durch dieses Lied bewegt werden. Ich habe selbst schon oft gespürt, dass ein bewegtes Sich-Kennen-Lernen mit diesem Lied noch viel ungezwungener und fröhlicher ist. Nicht jeder hat aus sich heraus die Stärke, dem anderen, dem noch Unbekannten frei in die Augen zu blicken, ihm vielleicht sogar die Hand zu reichen. Mit Musik und ein paar guten Spielideen sind solche Hemmungen schnell überwunden.

Anfangs benötigen die Kinder viel Raum, um einige Galopphüpfer auszuführen oder auf einem Bein zu hinken, da sie es nicht sicher und nur mit weit ausgebreiteten Armen können. Viele Kinder im Vorschulalter kennen kaum verschiedene Hüpfmöglichkeiten, deshalb sind sie darauf angewiesen, dass wir Erwachsenen sie ihnen richtig vormachen. Die Kinder benötigen ausreichende Gelegenheiten, die neuen Bewegungsmuster zu erlernen und können nur durch häufiges Ausprobieren sicher werden.

Hüpfen am Platz

Vorbereitung: Einen großen Kreis aufbauen, der allen (oder mindestens der Hälfte der MitspielerInnen) eine Sitzmöglichkeit bietet, z. B. aus Stühlen, Reifen, Teppichfliesen oder Kissen.

Jedes Kind sucht sich einen Partner. Einer der beiden setzt sich auf den Stuhl und begleitet die Musik durch Klatschen auf die Oberschenkel, Schnipsen, Summen o. Ä. Der andere Partner steht hinter dem Stuhl und hüpft zur Musik im Schlusssprung (auf Zehenspitzen oder abwechselnd einbeinig, in der Schrittstellung mit Wechsel der Füße, Grätschen – Schließen, …). Wer die Balance verliert oder aufgrund mangelnder Koordinationsfähigkeit Schwierigkeiten hat, kann sich an der Rückenlehne festhalten. Die Musik unterstützt die Ausdauer beim Üben. Wenn die Musik stoppt, tauschen die Kinder ihre Rollen.

Vorwärts hüpfen

Mit welchen Hüpfschritten kommt man vorwärts oder rückwärts?

Die Hälfte der Kinder setzt sich nebeneinander in eine Reihe und begleitet die Musik wie vorher. Die anderen Kinder hüpfen zur Musik im Raum umher. Die Gruppenleitung beobachtet, ob die Kinder schon unterschiedliche Hüpfformen zeigen. Stoppt die Musik, stellt sich jeder „Hüpfer" vor ein sitzendes Kind und beide tauschen die Plätze. Mit der Musik beginnt es von vorn.

In weiteren Hüpfrunden gibt die Gruppenleitung verschiedene Möglichkeiten des Hüpfens vor, z.B. Schlusssprung, einbeiniges Hüpfen, Galopphüpfer mit angezogenen Knien, Wechselschritte.

Froschhüpfer und Stützsprünge

Kann man noch hüpfen, wenn sich beide Hände auf dem Boden abstützen?

„Probiert einmal, wie die Frösche umherzuhüpfen. Oder ‚klebt' eure Hände am Boden fest und hüpft mit beiden Füßen nach links und rechts, springt abwechselnd in die Grätsche und wieder zurück oder wechselt in der Schrittstellung die Füße. Schafft ihr das auch zur Musik?"

Paarkreise hüpfen

Die Kinder gehen zunächst paarweise zusammen. Dann trennen sie sich, indem ein Partner sich an die eine Seite des Raumes stellt und der andere auf die gegenüberliegende.

Wenn die Musik beginnt, hüpfen beide im Galopphüpfer aufeinander zu. Treffen sie sich, haken sie sich an einem Arm ein oder fassen sich an beiden Händen und hüpfen im Kreis herum, bis die Musik stoppt. Bei erneuter Musik haken sich die beiden anderen Arme ein und die Kinder hüpfen in der anderen Richtung im Kreis weiter, bis die Musik stoppt. Die Partner verabschieden sich voneinander und hüpfen zurück an die Wand. Ob sich beim nächsten Mal neue Paare zusammenfinden?

Im Seitgalopp

Die Kinder gehen paarweise zusammen und fassen sich an der Hand. Alle Paare stellen sich nebeneinander auf. Dann lösen sie die Hände und jeder geht zwei Schritte rückwärts, so dass eine Gasse zwischen ihnen entsteht.
Nun steht der Seitgalopp auf dem Übungsprogramm. Sobald die Musik ertönt, fasst sich das erste Paar wieder an und hüpft im Seitgalopp durch die Gasse, das zweite folgt usw. Am Ende der Gasse trennen sich die Paare und reihen sich neben dem letzten Paar wieder ein.
Die stehenden Kinder können dazu klatschen.

Zehenspitze oder Trampelmann, wer läuft denn da?

Laufen die Kinder kreuz und quer durch einen möglichst großen Raum, verbessern sie nicht nur ihre Ausdauer und Kondition. Das muntere Durcheinander aller fordert von jedem Einzelnen ein hohes Maß an Aufmerksamkeit und Konzentration. Ähnlich wie im Straßenverkehr müssen die Kinder mit allen Sinnen bei der Sache sein, sich mit offenen Augen bewegen, die anderen beobachten, auf Gegenverkehr oder Hindernisse reagieren. Sie lernen, ihre Bewegungen zu koordinieren, zu beschleunigen oder abzubremsen und auszuweichen. Andererseits lädt die Instrumentalaufnahme „Ich bin stark" und die darin wiederkehrende Textzeile auch diejenigen Kinder ein, die voll überschäumender Energie manchmal nicht wissen, wo sie mit ihrer Kraft hinsollen, sich einmal übermütig zu produzieren oder sich abzureagieren.
Das Tempo der Aufnahme „Ich bin stark" erscheint uns Erwachsenen zum Laufen viel zu schnell. Doch gemessen an den kürzeren Kinderbeinen ist es für Vorschulkinder genau richtig. Hierbei ist auch nicht „Schnellster sein" und „Erster werden" gefragt, sondern die Förderung von Ausdauer und Durchhaltevermögen steht im Vordergrund. Für die eigene Gesundheit sollte jedes Kind in der Lage sein, seinem Alter entsprechende Minuten (4 Jahre = 4 Minuten) in lockerem Dauerlauf durchzuhalten. Mit ein bisschen Übung wird es sicher gelingen.

Musik: CD-Nr. 14 Instrumentalaufnahme „Ich bin stark"
Erfahrungsfeld: Förderung von Aufmerksamkeit und Konzentration, Reaktionsfähigkeit, Orientierung im Raum, Rücksichtnahme
Bewegungsaktivität: Laufen in Variationen, Ausdauer und Kondition

Laufen, Rennen, Überholen

Alle laufen gemeinsam zur Musik in lockerem Tempo durcheinander. Wer läuft am längsten? Wer nicht mehr kann, setzt sich auf den Boden und begleitet die Laufenden im Sitzen durch Trampeln mit den Füßen. Wenn das letzte Kind sitzt, stoppt die Spielleitung die Musik.
Weitere Aufforderungen oder Anregungen:
✦ „Könnt ihr leise und auf Zehenspitzen (oder laut trampelnd) laufen?"
✦ „Lauft einmal mit weit ausgebreiteten Armen."
✦ „Könnt ihr auch rückwärts oder seitwärts laufen?"
✦ „Wie sieht es aus, wenn ihr wie Riesen (Zwerge) durch den Raum lauft?"
✦ Die Hälfte der Kinder verteilt sich im Raum und steht still – wie Bäume. Die anderen laufen auf unterschiedlichen Wegen durch diesen „Menschenwald". Anschließend Rollentausch.
✦ Die Kinder laufen zur Musik paarweise hintereinander. Stoppt die Musik, versucht das hintere Kind das vordere zu überholen. Spielt die Musik erneut, laufen beide wieder hintereinander her.
✦ „Lauft kreuz und quer. Immer wenn ihr den Text ‚Ich bin stark' hört, bleibt ihr stehen, zeigt eure Muskeln oder eure ganze Stärke – boxt Löcher in die Luft, trampelt auf den Boden, zeigt eine Kämpferpose o. Ä. Allerdings dürft ihr niemand anderen dabei berühren."

Die Spielidee zu dem Lied „Wir sind Kinder" ist mit einfachen Bewegungsaufgaben gespickt und somit eine „Sofort-Mitspiel-Idee" auch für eine große Gruppe von Kindern und Erwachsenen, die Jung und Alt (sie waren ja auch einmal Kinder) in Schwung bringt.

Das Lied ist sehr rhythmisch und klar strukturiert. Refrain und Strophen wechseln sich ab. Zusätzlich gibt es die im Refrain wiederkehrende Textstelle, „Uiuhu", die den Mitwirkenden eine gute Orientierungshilfe bietet.

Musik: CD-Nr. 1 „Wir sind Kinder", Mikrofon
Erfahrungsfeld: Bewegen macht Spaß
Bewegungsaktivität: Hüpfen in Variationen, Kondition und Ausdauer

Bevor die Musik einsetzt, erklärt die Gruppenleitung die Bewegungsaufgaben zum Vorspiel und dem ersten Refrain für diejenigen, die das Lied zum ersten Mal hören und mitmachen möchten. Die folgenden Anleitungen erläutert sie jeweils in den Musikpausen.

Ansage bevor die Musik beginnt:
„Immer wenn ihr die Textstelle ‚Uiuhu' hört, bleibt ihr stehen (Für kleinere Kinder: „…klebt eure Füße am Boden fest.") und winkt mit beiden Armen hoch über eurem Kopf. Zum ersten Teil der Musik hüpft auf der Fläche kreuz und quer und achtet auf das ‚Uiuhu'."

Liedtext „Wir sind Kinder" (→ S. 15)	Bewegungsidee
Vorspiel (0:00–0:07) 2 × „Uiuhu"	*Hoch über dem Kopf winken.*
Refrain (0:08–0:37) Wir sind Kinder, der Stoff, aus dem die Zukunft ist. Uiuhu! Wir sind Kinder, pass auf, dass du das nie vergisst. Uiuhu! Wir sind Kinder, und der, dem wir nur lästig sind. Uiuhu! Wir sind Kinder, der war wohl selber nie ein Kind. Uiuhu!	*Alle hüpfen kreuz und quer, bleiben bei „Uiuhu" stehen und winken hoch über dem Kopf.*
Ansage in der Musikpause: *„Klebt eure Füße zusammen und hüpft auf beiden Beinen zur nächsten Musik weiter."*	
1. Strophe (0:38–0:53) Bangemachen gilt nicht, Sprüchemachen zählt nicht, hör uns zu und nimm uns ernst dabei. Willst du uns nicht beugen, musst du überzeugen, aber red nicht immer um den heißen Brei!	*Alle hüpfen in Schlusssprüngen durcheinander.*
Ansage in der Musikpause: *„Zum Refrain löst eure Füße wieder und hüpft wie vorher weiter. Denkt an das Winken bei ‚Uiuhu'."*	
Refrain (0:54–1:24) Wir sind Kinder …	*Alle hüpfen kreuz und quer, bleiben bei „Uiuhu" stehen und winken.*
Ansage in der Musikpause: *„Klebt (stützt) einmal eure Hände auf dem Boden fest und versucht zur nächsten Musik trotzdem mit den Füßen zu hüpfen."*	

Liedtext „Wir sind Kinder" (→ S. 15)	Bewegungsidee
2. Strophe (1:25–1:38) Spiel nicht mit der Wahrheit, denn wir wollen Klarheit, unsre Träume machst du nicht kaputt. Und für uns zu denken, das kannst du dir schenken, denn inzwischen können wir es selbst ganz gut.	*Alle stützen ihre Hände auf den Boden und hüpfen mit den Füßen in verschiedenen Formen zur Musik weiter (Grätschen – Schließen, Schrittstellungswechsel, beidbeinig nach links und rechts im Wechsel).*
Ansage in der Musikpause: *„Zum Refrain löst eure Hände vom Boden und hüpft wie vorher weiter. Denkt an das Winken bei ‚Uiuhu'."*	
Refrain (1:39–2:10) Wir sind Kinder …	*Alle hüpfen kreuz und quer, bleiben bei „Uiuhu" stehen und winken.*
Ansage in der Musikpause: *„Sucht euch einen Partner … und reicht ihm eine oder beide Hände und hüpft gemeinsam weiter."*	
3. Strophe (2:11–2:24) Zeig uns deine Ziele und auch mal Gefühle, es ist gut zu sehn, dass es sie gibt. Lass uns die Zähne zeigen, Unrecht nicht verschweigen, oder sind die Herrn da oben immer brav und lieb?	*Alle hüpfen paarweise durch den Raum.*
Ansage in der Musikpause: *„Verabschiedet euch von dem Partner und hüpft allein weiter. Denkt an das Winken bei ‚Uiuhu'. Am Ende des Refrains versammeln sich alle in der Mitte, hüpfen ganz eng zusammen und winken, bis das letzte ‚Uiuhu' verklungen ist."*	
Refrain (2:25–2:55) Wir sind Kinder …	*Alle hüpfen kreuz und quer, bleiben bei „Uiuhu" stehen und winken.*
Schluss (2:56–3:12) Wir sind Kinder, Uiuhu! Wir sind Kinder, Uiuhu! Wir sind Kinder, Uiuhu!	*Alle hüpfen im Kreis eng zusammen und winken.*

Falls ein paar Anwesende nur zugesehen haben, werden sie sicherlich bestätigen, dass dieses Spiel schon beim ersten Mal wie eine kleine Aufführung wirkt. Mit einfachen Mitteln und ohne viele Proben entsteht eine Vorführidee zu „Wir sind Kinder".

Kostüme: Hier bietet sich eine optisch wirksame und dennoch kostengünstige Lösung an. Die Kinder ziehen zu Jeanshosen einfarbig bunte Oberteile an. Dabei können die Farben vorgegeben werden.

Bewegungsidee

Die Bewegungen bleiben für die Aufführung bis zur 3. Strophe so einfach, um auch jüngeren und weniger leistungsstarken Kindern die Möglichkeit zu geben, mitzumachen. Dabei mischen sich die Farben bunt durcheinander. In der 3. Strophe finden sich Paare in den gleichen Farben zusammen. Im letzten Refrain hüpfen alle gleichfarbigen TeilnehmerInnen zu Farbgruppen zusammen und winken am Ende dem Publikum zu.

Vor allem die Botschaft, die der Text vermittelt, regt die kleinen und großen Zuschauer zum Nachdenken an. Es gibt sicher viele Gelegenheiten im Kindergarten- und Schulalltag, bei denen eine Aufführung von Kindern mit dieser Aussage die Menschen bewegen kann.

Und das sagt Rolf dazu:

Unsere Kinder, „der Stoff, aus dem die Zukunft ist", leben jeden Tag im Hier und Jetzt. „Kindheit ist nicht der Wartesaal des Lebens" hat Janusz Korczak, der weise polnische Kinderarzt, gesagt. Die Lebensenergie, die man gerade in dem Lied „Wir sind Kinder" spüren kann, wenn Kinder es mit kraftvoller Bewegung singen, stärkt sie in ihrem Zukunftsgefühl und stärkt auch uns Erwachsene in der Zuversicht, dass unsere Kinder auf einem guten Weg sind. Ein Ausruf wie „Uiuhu!" kann dabei unvermittelt eine größere Bedeutung annehmen als der ambitionierte Text der Strophen. Damit findet sich der Verfasser des Textes gern ab, denn die gesungene und gespielte Lebensfreude der Kinder klingt auch ohne große Worte nach Zukunft (aber das „i" in „Uiuhu" muss schon sein, wenn es daran keinen Zweifel geben soll).

Alle machen Fehler

Das stimmt, denn fehlerfrei kommt niemand durchs Leben, und den Spruch „aus Fehlern lernen" hört wohl jeder Mensch irgendwann einmal. Schön, wenn Kinder Fehler machen dürfen und diese als Chance gesehen werden; eine Chance durch erneute Versuche und Übung die eigenen Fähigkeiten zu verbessern. Die nachfolgenden Musik-Spiel-Ideen verfolgen zwei unterschiedliche Ziele. Zum einen werden die Gedächtnisfähigkeiten der Kinder angeregt, zum anderen werden verschiedenste motorische Fertigkeiten geübt. Die Instrumentalaufnahme, die für die nachfolgenden Bewegungsaufgaben zum Einsatz kommt, stammt aus „Rolfs Schulweg-Hitparade", und wer die kennt, kann den Refrain laut mitsingen.

Musik: CD-Nr. 12 Instrumentalaufnahme „Alle machen Fehler"
Erfahrungsfeld: Bewegen zur Musik macht Spaß, Gedächtnistraining
Bewegungsaktivität: zur Musik gehen, hüpfen, laufen, Bewegungs- und Geschicklichkeitsaufgaben

Tierisch in Bewegung
Material: verschiedene Tierbilder oder Kuscheltiere (Hund, Frosch, Storch, Krebs, Schlange)

Die Kinder bewegen sich zuerst zur Musik nach eigenen Ideen. Wenn die Musik stoppt, hält die Gruppenleitung ein Tier(-bild) hoch und erklärt den Kindern die dazugehörige Bewegung:
+ **Hund:** auf allen Vieren laufen
+ **Frosch:** auf allen Vieren hüpfen
+ **Storch:** auf einem Bein stehen
+ **Krebs:** im Krebsgang laufen
+ **Elefant:** mit den Armen einen Elefantenrüssel formen und mit den Füßen trampeln
+ **Schlange:** auf dem Boden schlängeln

Buntes Treiben
Material: 4 gelbe, 6 grüne, 8 blaue und 10–12 rote Farbtücher oder farbiges Papier, pro Kind 1 Tuch in einer der genannten Farben
(Je nach Raumgröße bzw. zur Verfügung stehender Fläche oder der Belastbarkeit der Kinder kann die Anzahl der Tücher verändert werden.)
Vorbereitung: Die Tücher in ausreichendem Abstand voneinander im Raum oder auf der Fläche verteilen.

Es gibt drei Möglichkeiten, die Farben zu verteilen, wobei die Gruppenleitung die Leistungsfähigkeit des einzelnen berücksichtigt:
+ Jedes Kind wählt selbst eine Farbe und nimmt sich ein entsprechendes Tuch.
+ Die Gruppenleitung teilt jedem Kind ein Tuch und somit eine Farbe zu.
+ Die Gruppenleitung teilt jedem Kind seine Farbe ausschließlich verbal zu.

Wenn die Musik beginnt, laufen die Kinder entsprechend ihrer Farbe von einem passenden Tuch zum anderen mit der Aufgabe, jedes Tuch in ihrer Farbe einmal zu umrunden. Wer es geschafft hat, kehrt zur Gruppenleitung zurück, um sich von ihr mit einer neuen Farbe wieder auf den Weg zu machen.

Überkreuz und Überquer

Das Spiel mit den zwei Seiten links und rechts ist nicht leicht. Jedoch wissen wir dank der Hirnforschung, welche Bedeutung den beiden Hirnhälften zukommt und dass Bewegung die Funktion des Gehirns positiv beeinflusst.

Die folgenden Bewegungsanregungen setzen sich aus verschiedenen Überkreuzübungen zusammen, die die Zusammenarbeit beider Hirnhälften und die Bewegungsgeschicklichkeit darüber hinaus fördern. Alle Übungen dienen dazu, die beiden Körperhälften links und rechts bewusst wahrzunehmen, sie auseinander halten zu können und gezielt einzusetzen. Täglich regelmäßig angewandte Überkreuzübungen erzeugen nicht nur bei Kindern, sondern auch bei Erwachsenen bis ins hohe Alter messbare positive Auswirkungen auf die körperliche und kognitive Leistungsfähigkeit.

Musik: CD-Nr. 10 Instrumentalaufnahme „Herzlich willkommen"

Material: DIN A4-Papier (evtl. farbig), Kopierer, Folien oder Laminiermöglichkeit

Vorbereitung: Die Namen der Übungen abschreiben oder auf DIN A4-Papier kopieren, ausschneiden und in Folien stecken oder laminieren. Kopiert man die Abbildungen (→ S. 21) auf farbiges Papier nach den Farben eines Farbwürfels, kann für die jüngeren Kinder der Farbwürfel zum Einsatz kommen.

Erfahrungsfeld: Kennenlernen von verschiedenen Überkreuzübungen, Körperwahrnehmung

Bewegungsaktivität: rhythmisches Gehen zur Musik, Orientierung im Raum, Gleichgewichts- und Koordinationsfähigkeit, Klatschen, Stampfen

Überkreuzübungen	
Liegende Acht	Die MitspielerInnen stehen in leichter Grätschstellung (schulterbreit) und strecken beide Arme (oder abwechselnd den linken oder den rechten Arm) ausgestreckt nach vorn. Sie malen eine liegende Acht in die Luft, wobei der Oberkörper ruhig bleibt und die Mitte der Acht mittig vor dem Körper sein soll.
Ohren ziehen	Abwechselnd zieht die linke Hand am rechten Ohr und die rechte Hand am linken Ohr. Dabei werden die Hände jedes Mal wieder neu zum Ohr geführt.
Schulter klopfen	Abwechselnd klopfen die linke und die rechte Hand überkreuz auf die rechte und linke Schulter. Dabei darf man sich auch einmal loben und im Rhythmus sagen: „Gut gemacht!", „Ich bin stark!" oder „Weiter so!"
Popo klatschen	Die MitspielerInnen stehen sicher in leichter Grätschstellung (schulterbreit) und wenden sich einmal ihrem Po zu. Mit beiden Händen abwechselnd auf die linke und rechte Pobacke klatschen. Etwas leichter geht es, wenn man mit der rechten Hand hinter dem Rücken auf die linke Pobacke klatscht und mit der linken auf die rechte. (Die Füße bleiben fest am Boden und drehen sich nicht mit.)
Trommeln	Abwechselnd trommelt die linke Hand auf das rechte hochgezogene Knie und die rechte Hand auf das linke Knie.
Knie-Pieks	Auf der Stelle gehen und dabei abwechselnd die Knie hochziehen, dabei berührt der linke Ellenbogen das rechte Knie und der rechte Ellenbogen das linke Knie. Möglichst rhythmisch gleichmäßig wechseln.
Zehen-Tipp	Die MitspielerInnen gehen in die Grätschstellung und tippen abwechselnd mit der linken Hand auf die rechten Zehen und mit der rechten Hand auf die linken Zehen.
Schuhplattler	Eine schwierige Übung: Mit der linken Hand hinter dem Rücken an die rechte, ebenfalls angehobene Fußsohle tippen und mit der rechten Hand an die linke Fußsohle. Dabei rhythmisch gleichmäßig wechseln.

Liegende Acht	Ohren ziehen	Schulter klopfen

Popo klatschen	Trommeln	Knie-Pieks

Zehen-Tipp	Schuhplattler	

Es gibt noch viele weitere Überkreuzübungen, die den Übungskartensatz ergänzen können, z. B.:

Im Sitzen
- Alle sitzen am Boden, die Hände hinten abgestützt oder freihändig, und scheren ihre langen Beine abwechselnd links und rechts übereinander.
- Alle sitzen mit langen Beinen im Grätschsitz und berühren abwechselnd mit der linken Hand die rechten Zehen und mit der rechten Hand die linken Zehen.

In der Bauchlage
- Die MitspielerInnen liegen auf dem Bauch und heben Arme und Beine gestreckt vom Boden weg. Nun kreuzen sie entweder die Hände oder die Füße, abwechselnd links oder rechts oben. Dabei bleiben Arme und Beine gestreckt.
- Alle liegen auf dem Bauch mit angewinkelten Beinen. Abwechselnd berührt die rechte Hand den linken Fuß und die linke Hand den rechten Fuß.

In der Rückenlage
- Abwechselnd berührt der rechte Ellenbogen das linke Knie und der linke Ellenbogen das rechte Knie.
- Hampelmann im Liegen: Die Beine liegen dicht nebeneinander gestreckt am Boden, die Arme lang neben dem Körper. Dann werden gleichzeitig die Beine am Boden gegrätscht und die Arme am Boden über dem Kopf zusammengeführt. Im Wechsel öffnen und schließen immer beide Arme und Beine. (Diese Übung ist nicht ganz überkreuz, doch fördert sie die Koordinationsfähigkeit und ist die beste Vorbereitung zum Hampelmannspringen.)

Den jeweiligen Fähigkeiten der MitspielerInnen entsprechend werden die passenden Übungskarten ausgewählt.

Überkreuzübungen kennen lernen

Die MitspielerInnen gehen zur Musik auf eigenen Wegen durch den Raum. Stoppt die Musik, stellen sich alle nebeneinander an eine vereinbarte Stelle, z. B. an eine Linie oder vor eine Wand. Die Spielleitung zeigt eine der Übungskarten, nennt den Namen der Übung, erklärt die Aufgabe und turnt sie vor. Die Kinder machen sie nach. Setzt die Musik wieder ein, bewegen sich alle erneut im Raum. Bei den folgenden drei bis fünf Musik-Stopps wird dieselbe Übung gezeigt und geübt. Erst wenn die meisten Kinder die Übung können, kommt eine neue Übungskarte zum Einsatz.

So lernen die Kinder alle Übungen nach und nach kennen. Sind den Kindern die Übungen vertraut, können die Aufgaben in jeder Musik-Stopp-Phase gewechselt werden.

Freie Auswahl

Die Übungskarten, die den Kindern bereits bekannt sind, liegen an unterschiedlichen Stellen auf dem Boden des Raumes. Zur Musik bewegen sich die Kinder um die Karten herum. Wenn die Musik stoppt, sucht sich jedes Kind eine Karte aus, bleibt davor stehen und probiert selbstständig so lange die Übung, bis die Musik wieder einsetzt.

Wechselspiel

Alle bewegen sich wie vorher zur Musik im Raum. Wenn alle die Übungen gut kennen, zeigt die Spielleitung in der Musik-Stopp-Pause abwechselnd zwei Übungskarten. Die Kinder sollen nun von einer Übung zur anderen wechseln, ohne durcheinander zu kommen. Die Gruppenleitung achtet darauf, dass die einzelnen Übungen vor dem Wechsel lange genug und richtig ausgeführt werden.

Kleiner Fitnesstest für das Team

Ein Wechsel von der Übung „Knie-Pieks" zur Übung „Schuhplattler" und zurück ohne den Bewegungsrhythmus zu verlieren, ist selbst für Erwachsene eine Herausforderung.

Tip, Top, Fit – wir machen alle mit!

Dies ist eine Spielvariante der Überkreuzübungen für unterwegs oder für Gelegenheiten, auch im Freien, wenn keine Musikanlage zur Verfügung steht.

Material: Überkreuz-Übungskarten (→ S. 21), 1–2 Würfel (z. B. Farb- und Zahlenwürfel; selbst gestaltete Würfelseiten mit größeren Zahlen wie 10, 12, … 20 oder Mathematikaufgaben wie 3 + 3, 9 – 3, 2 × 3 o. Ä.)

Erfahrungsfeld: Trainieren verschiedener Überkreuzübungen, Koordination von Sprache und Bewegung, Einhalten von Spielregeln
Bewegungsaktivität: rhythmisches Gehen zum gesprochenen Text, Orientierung im Raum, Gleichgewichts- und Koordinationsfähigkeit, Klatschen, Stampfen, Ausdauer bei den Wiederholungen

Die Gruppe lernt den kurzen Vierzeiler Zeile für Zeile mit den dazugehörigen Bewegungen kennen:

Text „Tip, Top, Fit"	Bewegungsidee
Tip, Top, Fit – wir machen alle mit!	*3 × stampfen, alle treffen sich nebeneinander in einer Linie.*
1, 2, 3 – alle sind dabei.	*3 × klatschen, nebeneinander drei Schritte vorwärts gehen.*
Überkreuz und überquer, alle schauen jetzt hierher!	*Gleichzeitig die Arme überkreuz schwingen und mit den Füßen überkreuz springen.*
Tip, Top, Fit – wir machen alle mit!	*Ein Kind würfelt und alle anderen schauen zu. Die gewürfelte Zahl gibt vor, welche der Übungskarten ausgeführt wird.*

Tipp: Dieser Text kann auch zur Melodie „Hopp, hopp, hopp, Pferdchen lauf Galopp …" gesungen werden.

Nachdem die Überkreuzaufgaben einige Male geübt wurden, beginnt das Spiel von vorn und ein anderes Kind darf würfeln.

Tip, Top, Superfit – für ältere Kinder

Das Spiel verläuft wie vorher, allerdings wird zusätzlich mit einem zweiten Zahlenwürfel mit höheren Zahlen oder Mathematikaufgaben gewürfelt. Dieser zweite Würfel gibt vor, wie oft die jeweilige Übung ausgeführt werden soll.

Ist gerade kein Würfel zur Hand, übernimmt ein Kind die Rolle des Würfels. Es steht oder sitzt auf dem Boden und wird von der Spielleitung ein wenig gedreht. Plötzlich steht das „Würfelkind" still und nennt eine Zahl zwischen eins und sechs (alternativ eine Farbe). Ganz kleinen Kindern gibt man zwei Zahlen vor, zwischen denen sie sich entscheiden sollen. Die genannte Zahl gibt an, wie das Spiel weitergeht, in diesem Fall welche Überkreuzübung oder wie oft diese ausgeführt wird.

Die Links-Rechts-Lerntapete

Kindern fällt es allein deshalb nicht leicht, zu verstehen und zu behalten, welches die linke und welches die rechte Körperseite ist, weil ihnen meistens jemand gegenüber steht, der in ihren Augen „alles anders macht". Will man also im Spiel den Umgang mit links und rechts fördern, muss zunächst dafür gesorgt werden, dass alle Kinder die gleiche Ausgangsposition und die gleiche Blickrichtung haben. Hierbei hilft eine Tapete mit Bewegungsabbildungen, die den Kindern quasi im „Vorbeigehen" die linke und die rechte Körperseite vermittelt.

Material: Reste von Tapetenrollen oder Makulaturpapier (Abfall der Zeitungsdruckereien), Malstifte und Farben

Erfahrungsfeld: linke und rechte Körperseite bewusst wahrnehmen, Koordination von Sprache und Bewegung, Spielregeln lernen und einhalten

Bewegungsaktivität: Üben der Koordinationsfähigkeit, Gehen, Klatschen und Hüpfen

So wird's gemacht: Eine Links-Rechts-Lerntapete kann sich jedes Kind selbst basteln. Das Kind legt sich mit dem Oberkörper nacheinander in sieben verschiedenen Positionen auf die Tapete. Die Spielleitung malt die Konturen ab und das Kind malt „sich selbst" an. Kleine „hüpfende" Fußspuren des Kindes führen am unteren Rand zurück zum ersten Bild der Tapete. Die Spielleitung schreibt den Text unter die Bilder und schon ist die Lerntapete fertig. Sie kann an die Wand gehängt oder auf dem Fußboden ausgelegt werden.

*Wer links und rechts nicht unterscheiden kann,
der kann was erleben, Mann-o-Mann-o-Mann.
Wer links und rechts nicht unterscheiden kann,
für den fang' ich noch mal von vorne an:*

Ich hebe links meine Hand,

rechts meine Hand,

und ich klatsch' so laut wie ich kann.

Links einen Blick,

rechts einen Blick,

dafür braucht man keinen Zaubertrick.

Aller Anfang ist schwer

Zuerst lernen die Kinder den Refrain des Liedes „Links und rechts" kennen. Spielen mehrere Kinder oder die ganze Gruppe gleichzeitig, stehen alle in einem Abstand vor der an einer Wand befestigten oder auf dem Fußboden liegenden Tapete, „lesen" von der Tapete ab und stellen die Bilder beim Singen des Refrains in der richtigen Reihenfolge nach. Anfangs zeigt die Gruppenleitung dabei jeweils auf das entsprechende Bild.

Ein einzelnes Kind bewegt sich während des Singens seitwärts von Bild zu Bild. Das Tempo wird den Kindern bzw. der Gruppe individuell angepasst.

Gelernt ist gelernt

Die Kinder probieren aus, ob sie die Spielform auch ohne die Lerntapete schaffen.

Im Spiegelbild

Wenn die Kinder die Bewegungen vor einem großen Spiegel ausführen, wird es schwieriger, aber sie lernen ganz nebenbei etwas über ihr Spiegelbild.

Dein Links oder mein Rechts? – für ältere Kinder

Spannend wird die Aufgabe, wenn sich die Kinder paarweise gegenüber stehen. Ob es mit dem Unterscheiden von links und rechts jetzt noch klappt? Oder gibt es am Anfang ein kleines Bewegungschaos? Durch Üben und den vorübergehenden Einsatz von zwei Lerntapeten (für jede Seite eine) wächst die Sicherheit.

Wer links und rechts nicht unterscheiden kann

Wenn Kinder etwas Neues gelernt haben, erzählen und zeigen sie es gern auch anderen, z. B. ihren Eltern. Wer bereits im Vorschulalter gelernt hat, links und rechts zu unterscheiden, kann stolz darauf sein und wird sicherlich in der Familie begeisterte Zuschauer finden. Wie in einem kleinen szenischen Spiel schlüpfen die Kinder paarweise in die Hauptrollen des Liedes, der größere Partner spielt die Mutter, der kleinere das Kind.

Musik: CD-Nr. 2 „Links und rechts"
Material: kleine Zettel, Klebeband
Kostüme: Für die Mutterrolle borgen sich die Kinder ein Kleidungsstück ihrer Mutter, die Kinder tragen eine Hose mit Hosentaschen.

Kennenlernen des Liedes

- Alle Kinder lernen das Lied und die Spielgestaltung mit Hilfe der Links-rechts-Lerntapete.
- Die „Kinder" und „Mütter" lernen, ihre Textpassagen abwechselnd zu singen. Auch wenn zur CD gesungen wird, sollten die Kinder gleich zu Anfang mit verteilten Rollen singen.

Vorbereitung der Spielgestaltung

- Die Linien bzw. die Fahrbahn mit Klebeband markieren.
- Jedes Kind bekommt in die rechte Hosentasche einen leeren Zettel.
- Je nach Aufnahmevermögen der Kinder bieten sich zwei verschiedene Ausgangsstellungen an. Jedes Paar spielt während des ganzen Liedes an seinem Platz im Raum.
- Etwas schwieriger wird es, wenn die Paare am Anfang in versetzten Reihen beginnen und alle „Mütter" vom 1. Refrain an nebeneinander in einer Linie hinter den „Kindern" weiterspielen.

Liedtext „Links und rechts" (→ S. 24)	Bewegungsidee
Vorspiel (0:00–0:11) Wer links und rechts nicht unterscheiden kann, der kann was erleben, hört euch das mal an:	*Alle stehen paarweise nebeneinander mit dem Blick nach vorn.*
1. Strophe (0:12–0:44) Als ich vier Jahre alt geworden bin, da sagte meine Mutter:	*Die Kinder singen, die Mütter drehen sich ihren Kindern zu.*
„Liebes Kind, in deiner linken Tasche, da hab' ich was versteckt, und du hast es noch immer nicht entdeckt!"	*Die Mütter singen.*
Ich griff sofort hinein mit einer Hand, nun ratet mal, was ich wohl darin fand? Nur einen leeren Zettel, und plötzlich war mir klar, dass es wohl die rechte Tasche war.	*Die Kinder singen. Sie suchen in der rechten Hosentasche und ziehen einen kleinen leeren Zettel heraus. Die Mütter nehmen den Zettel ab, stecken ihn in eine Jacken-/Hosentasche, schütteln lächelnd den Kopf und stellen sich seitlich hinter ihre Kinder.*
Refrain (0:45–1:17) Wer links und rechts nicht unterscheiden kann, der kann was erleben, Mann-o-Mann-o-Mann. Wer links und rechts nicht unterscheiden kann, für den fang' ich noch mal von vorne an:	*Alle hüpfen am Platz, grätschen und schließen die Füße und überkreuzen die Arme vor dem Körper.*
Ich hebe links meine Hand, rechts meine Hand, und ich klatsch' so laut, wie ich kann. Links einen Blick, rechts einen Blick, dafür braucht man keinen Zaubertrick.	*Jeder führt die Bewegungen für sich aus, oder etwas lustiger: die Mütter stehen im 1. Refrain hinter den Kindern und bewegen deren Arme und Köpfe.*
2. Strophe (1:18–1:49) Das Spielchen war bei uns bald sehr beliebt, und ich hab' sogar heimlich noch geübt. Dann ging es immer schneller und besser mit der Zeit, und heut' ist es für mich 'ne Kleinigkeit.	*Die Kinder verstecken sich hinter den Müttern und üben heimlich.*
Darum ist es für mich auch kein Problem, mal ganz allein am Fahrbahnrand zu steh'n,	*Die Mütter holen ihre Kinder nach vorn, stellen sie an den Fahrbahnrand und treten selbst ein paar Schritte zurück.*
nach links und rechts zu schauen, und noch einmal nach links, und erst, wenn alles frei ist, loszugeh'n.	*Die Kinder schauen nach links, rechts und links und gehen dann vorwärts bis über die 2. Linie.*

Liedtext „Links und rechts" (→ S. 24)	Bewegungsidee
Refrain (1:50–2:27) Wer links und rechts nicht unterscheiden kann … Ich hebe links …	*Alle hüpfen am Platz, grätschen und schließen die Füße und überkreuzen die Arme vor dem Körper.* *Die Kinder drehen sich im 2. Refrainteil zu den Müttern um und machen die besungenen Bewegungen mit dem Rücken zum Publikum.*

Wer sich sehr sicher ist im Spiel mit den Seiten Links und Rechts kann im Freundeskreis oder in der Familie einen Spielpartner herausfordern und mit diesem die Bewegungsaufgabe „Dein Links oder mein Rechts?" (→ S. 27) spielen.

Und das sagt Rolf dazu:

Was habe ich da 1979 geschrieben? „Wer links und rechts nicht unterscheiden kann, der ist ein armer Mann, der ist ein armer Mann." „Alle machen Fehler" heißt es an anderer Stelle in „Rolfs Schulweg-Hitparade" von 1979. Ich schließe mich bei dieser Erkenntnis gewiss nicht aus. Man ist alles andere als „ein armer Mann", wenn man noch lernen muss, links und rechts zu unterscheiden. Viele gestandene Erwachsene brauchen dafür ein Leben lang eine „Eselsbrücke". Kinder, die frühzeitig und mit vielen, sich ergänzenden Übungen lernen, ihre rechte von der linken Seite zu unterscheiden, werden nicht nur körperlich fitter, sie profitieren auch ihr ganzes Leben davon, denn das Links-Rechts-Bewusstsein dringt für immer tief unter ihre Haut und in ihr Bewusstsein. Heidi Lindner verwendet hier den von mir 1991 überarbeiteten Text meines Liedes.

Was ich in Sachen Verkehrssicherheit für Kinder sonst noch dazugelernt habe, findet sich in vielen weiteren Beispielen auf der CD „Rolfs neue Schulweg-Hitparade".

Es macht Spaß

Bewegungsideen, die die Kinder aus dem Kindergarten, der Schule oder der Freizeitgruppe mit nach Hause nehmen und mit ihren Familien und Freunden weiterspielen, garantieren vor allem eines …

Nr. 3 – Musik und Text: Rolf Zuckowski
© MUSIK FÜR DICH Rolf Zuckowski OHG, Hamburg

Verse

1. Ma - mi, hast du Zeit für mich? Glaub mir, das wär' gut für dich,
   Du hast wirk - lich viel zu tun, kei - ne Zeit dich aus - zu - ruh'n
2. Pa - pi, bist du ab - ge - schlafft, hat die Ar - beit dich ge - schafft?
   Hast du seit der Mit - tags - zeit dich nur noch da - rauf ge - freut, ge -
3. Wenn du Lan - ge - wei - le hast o - der wenn dir gar nichts passt,
   Häng nicht nur zu Hau - se dumm wie 'ne trü - be Tas - se rum,

(1.) denn ich halt es nicht mehr lang aus hier.
     doch ich glaub, wir müs - sen mal raus hier.
(2.) Möch - test du am lieb - sten nur dö - sen?
     müt - lich dei - ne Zei - tung zu le - sen?
(3.) und die Welt scheint dich an - zu - ö - den:
     ir - gend - et - was muss es doch ge - ben.

(1.) Wenn ich nur da drau - ßen die Son - ne seh',
(2.) Wenn ich dich im Ses - sel so sit - zen seh',
(3.) Sprich doch mal auf Eng - lisch das A B C,

(1.) dann hab ich so - fort 'ne I - dee: Es macht
(2.) dann hab ich so - fort 'ne I - dee: Es macht
(3.) dann kommt dir be - stimmt 'ne I -

Refrain

1.+2. Spaß, wie - der mal zu schwim - men, es macht Spaß, sich im Wald zu
3.+4. Spaß, in dei - nem Haar zu wu - scheln, es macht Spaß, dir was ins Ohr zu

Kleines Familien-Verwöhn-Programm

Ja, es macht Spaß, zu diesem Lied zu spielen und den Text zu lernen, denn damit erhält jedes Kind eine Chance, seine Eltern zu Hause zu überraschen. Im Rollenspiel kommen sowohl pantomimische Fähigkeiten zum Ausdruck als auch Überzeugungskraft und Spielmotivation. Der Text wird direkt in Bewegung umgesetzt oder es werden eigene Ideen verwirklicht.

Musik: CD-Nr. 3 „Es macht Spaß"
Material: 2 Stühle pro Familie
Erfahrungsfeld: Bewegen macht Spaß, Pantomime, Rollenspiel (Familie), rücksichtsvolles Handeln, Körperkontakt
Bewegungsaktivität: Gehen, Hüpfen, Tanzen, Kitzeln
Vorbereitung: Die Kinder lernen das Lied zuerst kennen.

Solange die Kinder das Lied noch nicht auswendig können, stoppt die Gruppenleitung die Musik immer wieder und erklärt die folgenden Texte und lässt die Bewegungen ohne Musik ausprobieren. Die Musik kann erst dann ohne Pause durchlaufen, wenn alle mit der Handlung vertraut sind.

Liedtext „Es macht Spaß" (→ S. 30)	Bewegungsidee
Vorspiel (0:00–0:16)	*Vater und Mutter stehen oder sitzen abseits und warten. Die Kinder hüpfen um die beiden leeren Stühle herum.*
1. Strophe (0:17–0:36) Mami, hast du Zeit für mich? Glaub mir, das wär' gut für dich, denn ich halt es nicht mehr lang aus hier. Du hast wirklich viel zu tun, keine Zeit dich auszuruh'n doch ich glaub, wir müssen mal raus hier. Wenn ich nur da draußen die Sonne seh', dann hab ich sofort 'ne Idee:	*Während das eine Kind die Stühle ein wenig auseinander rückt, geht das andere zur Mutter und zieht sie an der Hand mit zu den Stühlen.*
Refrain (0:37–1:09) Es macht Spaß, wieder mal zu schwimmen, es macht Spaß, sich im Wald zu trimmen, es macht Spaß, Berge zu erklimmen. Es macht Spaß, es macht Spaß! Es macht Spaß, wieder mal zu schwimmen …	*Beide Kinder zeigen der Mutter, was zu tun ist, legen sich mit dem Bauch auf den Stuhl und machen Schwimmbewegungen, laufen um die Stühle herum, steigen hinauf und (springen) herunter. In der Wiederholung macht ein Kind die Bewegungen mit der Mutter weiter. Das andere Kind hüpft zum Vater, holt ihn herbei und beide schauen zu.*
2. Strophe (1:10–1:29) Papi, bist du abgeschlafft, hat die Arbeit dich geschafft? Möchtest du am liebsten nur dösen? Hast du seit der Mittagszeit dich nur noch darauf gefreut, gemütlich deine Zeitung zu lesen? Wenn ich dich im Sessel so sitzen seh', dann hab ich sofort 'ne Idee:	*Während Mutter und Kind weiter spielen und die Mutter sich irgendwann mit dem Kind auf dem Schoß auf einen Stuhl setzt … lässt sich der Vater schwerfällig von dem zweiten Kind mitziehen. Mutter und Vater setzen sich nebeneinander auf die Stühlen und die Kinder setzen sich rittlings auf ihren Schoß, so dass sie sich anschauen.*
Refrain (1:30–2:01) Es macht Spaß, in deinem Haar zu wuscheln, es macht Spaß, dir was ins Ohr zu tuscheln, es macht Spaß, lieb mit dir zu kuscheln. Es macht Spaß, es macht Spaß! Es macht Spaß, in deinem Haar zu wuscheln …	*Die Kinder führen die nachfolgenden Aktionen nach eigenen Ideen aus. In der Wiederholung machen die Eltern das Gleiche mit ihren Kindern.*

Liedtext „Es macht Spaß" (→ S. 30)	Bewegungsidee
3. Strophe (2:02–2:28) Wenn du Langeweile hast oder wenn dir gar nichts passt, und die Welt scheint dich anzuöden: Häng nicht nur zu Hause dumm wie 'ne trübe Tasse rum, irgendetwas muss es doch geben. Sprich doch mal auf Englisch das ABC, dann kommt dir bestimmt 'ne Idee: A–B–C–D–E–F–G–H–I–J–K–L–M–N–O–P–Q–R	*Alle vier fassen sich an den Händen und marschieren im Raum umher.* *Alle vier bleiben stehen und sprechen mit.* *(Es kann auch das deutsche Alphabet sein.)*
Refrain (2:29–2:53) Es macht Spaß, auf einem Bein zu stehen, es macht Spaß, sich im Kreis zu drehen, es macht Spaß, wie ein Hahn zu krähen. Es macht Spaß, es macht Spaß! Es macht Spaß, den Rolf mal durchzukitzeln, es macht Spaß, lalalalalala, es macht Spaß, lalalalalala …	*Alle vier führen die Bewegungen, die besungen werden, aus und …* *kitzeln sich …* *und hüpfen und tanzen am Ende fröhlich durch den Raum.*

Die Kinder nehmen die Ideen mit nach Hause und probieren sie, anfangs vielleicht nur den Refrain, mit Mama, Papa, Oma, Opa, Tante, Onkel oder Freunden aus.

Und das sagt Rolf dazu:

Speziell für die Begleit-CD zu diesem Buch wurde das Lied „Es macht Spaß" mit einer neuen ersten Strophe versehen. Das Familienleben ist im Wandel und es wäre ein Jammer, wenn sich nicht möglichst viele Mütter und Väter in diesem Lied selbst wieder erkennen, wie auch immer sie mit ihrer Familie leben. Von allem, was wir unseren Kindern geben können, hat die Zeit, die wir füreinander haben und miteinander verbringen, einen besonders hohen Stellenwert. Die kostbare und aufgrund unserer Lebensweise oft knappe Zeit intensiv zu nutzen heißt vor allem, sich gegenseitig ungeteilte Aufmerksamkeit zu schenken. Den Kindern fällt das in aller Regel leichter als uns Erwachsenen. Um so schöner ist es, dass es mit den Anregungen zu diesem Lied nun eine Fülle neuer Ideen gibt, wie man das kostbare Geschenk „Zeit" immer neu kindgerecht verpacken kann.

Zu Besuch bei Familie Luftballon

Kaum ein Kind kann sich dem Reiz eines Luftballons entziehen, sei er klein und platt oder groß und voller Luft, Spaß ist angesagt. Ob aufpusten und platzen lassen, zuknoten und in die Luft werfen, schrille Töne quietschen oder trommeln, schlagen, boxen oder schießen, mit nur einem einzigen Ballon lässt sich eine ganze Gruppe in Bewegung bringen und aktiv halten. Musik bietet hier einen guten Ordnungsrahmen und Motivationsfaktor, vor allem für Kinder, die schnell entmutigt aufhören, wenn etwas einmal nicht auf Anhieb gelingt.

Musik: verschiedene Instrumentalaufnahmen (s. einzelne Bewegungsideen)
Material: verschiedenfarbige Luftballons (mindestens 2 pro Person)
Erfahrungsfeld: Materialeigenschaften des Luftballons kennen lernen, Farben lernen
Bewegungsaktivität: Gehen, Laufen, Hüpfen, Bücken, Strecken, Werfen, Fangen, allgemeine Geschicklichkeit, Auge-Hand-Koordination
Vorbereitung: Luftballons aufpusten und zuknoten

Ballonspielereien
Musik: CD-Nr. 14 Instrumentalaufnahme „Ich bin stark"

Die Luftballons bunt gemischt auf den Boden legen. Die Kinder laufen zur Musik kreuz und quer durch die Ballons. Bei Musik-Stopp nimmt sich jedes Kind einen Ballon. In der Musikpause darf mit dem Luftballon gespielt werden. Die Gruppenleitung schaut sich die Bewegungsideen der Kinder an, greift einige heraus und lässt diese von allen ausprobieren. Zusätzlich stellt sie immer wieder auch selbst konkrete Aufgaben, z. B.:
- „Lasst den Ballon in der Luft fliegen. Stupst ihn dazu mit der rechten Hand an (oder mit der linken Hand, mit beiden Händen, mit verschiedenen Körperteilen, Fuß, Knie, Kopf, Schulter …)"
- „Könnt ihr einen Ballon hochwerfen und wieder auffangen?"
- „Schafft ihr es vorwärts zu laufen (oder zu hüpfen), wenn ihr den Ballon zwischen den Knien einklemmt?"
- „Probiert mal, ob ihr den Ballon mit dem Kopf oder der Nase über den Boden schubsen könnt."
- „Wer kann einen Ballon im Krebsgang auf dem Bauch tragen?"

Ballonpartner
Musik: CD-Nr. 13 Instrumentalaufnahme „Kinder sind das Größte"

Die Kinder hüpfen zur Musik zu zweit durch die Luftballons. Bei Musik-Stopp nimmt sich jedes Paar einen Ballon.
- „Werft euch den Ballon zu und fangt ihn wieder auf, ohne dass er zu Boden fällt."
- „Schafft ihr es, den Ballon zwischen euch (zwischen den Köpfen, Bäuchen oder Popos) zu halten, ohne die Hände zu benutzen? Könnt ihr euch dabei vorwärts bewegen oder tanzen, ohne den Ballon zu verlieren?

Ballonfarben
Musik: CD-Nr. 13 Instrumentalaufnahme „Kinder sind das Größte"

Zur Musik hüpfen die Kinder durch die Luftballons. Bei Musik-Stopp nennt die Gruppenleitung eine Farbe, z. B. Blau, und alle Kinder versuchen, einen blauen Luftballon zu ergattern. Bei jüngeren Kindern sollte die Farbe anfangs zusätzlich gezeigt werden.
Wenn die Musik wieder einsetzt, halten die Kinder mit den blauen Ballons diese mit einer Hand am Knoten fest und hüpfen damit weiter durch den Raum.
Die übrigen Kinder hocken sich neben einen andersfarbigen Ballon auf den Boden und begleiten die Musik mit Luftballongeräuschen, z. B. indem sie mit den Fingern auf dem Ballon trommeln, mit dem Ballon in beiden Händen auf den Boden klopfen, den Luftballon am Knoten festhalten und auf den Boden trommeln, mit Daumen oder Zeigefinger auf dem Ballon „Gitarre spielen" o. Ä.

Nach dem nächsten Musik-Stopp legen alle die Ballons wieder ab und das Spiel beginnt von vorn. So wechseln sich Farben suchen, Hüpfen und Musikbegleitung immer wieder ab.

Ballonträumereien

Musik: CD-Nr. 16 Instrumentalaufnahme „Ich bin sauer"

Wie eine kurze musikalische Bewegungsgeschichte entsteht? Man nehme eine Instrumentalmusik zum Gehen, Schleichen und Trampeln, Spielmaterial wie die Luftballons und die Idee für eine Geschichte, z. B.:

„Die große ‚Ballonfamilie' liegt dicht nebeneinander im Raum und schläft tief und fest. Kleine Weck-Geister (die MitspielerInnen) schleichen zunächst vorsichtig um sie herum, bis … sie plötzlich alle Ballons aufwecken und diese wild durch den Raum hüpfen lassen … Zur Schlafenszeit werden die Ballons ruhig und liegen wieder bewegungslos im Raum, während die Weckgeister erneut leise um sie herumschleichen … bis … bis zum nächsten Weckruf."

Den beiden Musikabschnitten (siehe Angaben in Minuten) werden entsprechende Bewegungen zugeordnet:

Vorspiel (0:00–0:10)	Alle Ballons liegen ruhig und gut verteilt auf dem Boden.
Teil A (0:11–0:49)	Die Kinder schleichen um die am Boden liegenden Ballons herum, ohne sie zu berühren. Musik-Pause!
Teil B (0:50–1:21)	Die Kinder schlagen bzw. prellen alle Ballons, solange die Musik spielt, mit den Händen hoch, so dass möglichst alle in Bewegung sind. Musik-Pause!
Teil A2 (1:22–1:59) – Teil B6 (5:24–5:34)	Die Bewegungen zu den Musikteilen wechseln sich ab.
Schluss (5:35–6:00)	Die Kinder pusten oder stupsen die Ballons vorsichtig im Kreis zusammen und legen sich zu den Ballons. Wovon sie wohl träumen? Vielleicht von einer lustigen, luftig leichten Ballonmassage?

Ballonmassage

Die eine Hälfte der Gruppe stellt sich dicht nebeneinander mit dem Bauch vor eine Wand, so dass sich die Schultern berühren. Nun werfen und pritschen die anderen Kinder die Ballons unermüdlich gegen ihre Rücken, Popos und Beine.

Im Fitness-Freizeit-Park

Der Besuch eines Freizeitparks ist für Familien immer mit Spaß und besonderen Erlebnissen verbunden. Mit ein bisschen Fantasie können die Kinder die Aktivitäten von dort täglich erleben, sind dabei aktiv, trainieren ihre Muskeln und Gelenke, verbessern ihre Beweglichkeit und Fitness. Sie gestalten den Rundgang im Freizeitpark selbst mit und erweitern ständig kreativ ihren Fitnesspark.

Musik: CD-Nr. 15 Instrumentalaufnahme „Als ich ein Baby war"
Material: 1 Stuhl pro Kind, einige Tische (Im Bewegungsraum oder in der Turnhalle können die Stühle durch Bänke, kleine Kästen, Kasteninnenteile oder Reifen ersetzt werden.)
Erfahrungsfeld: Zuhören, Fantasie und Kreativität entwickeln, Spielmöglichkeiten mit Stühlen und Tischen
Bewegungsaktivität: Gehen, Robben, Stützen, auf allen Vieren Laufen, Hüpfen, Stühle Schieben, Ziehen und Heben, Klettern, Förderung des Gleichgewichts, Rollen, Tanzen, vielfältige gymnastische Übungen

Vorbereitung: Die Stühle mit Abstand an die Tische stellen, so dass die Kinder zwischen Stuhl und Tisch noch hindurchgehen können. Später die Stühle mit den Rückenlehnen an alle Seiten der Tische stellen, so dass sie nicht nach hinten rutschen oder kippen können.

Vorbereitung der Kinder

Die Kinder sollten barfuss oder mit rutschfesten Socken bzw. Gymnastikschuhen und in bewegungsfreundlicher Kleidung mitmachen. Die Gruppenleitung stimmt die Kinder durch ein kurzes Gespräch auf das Thema Freizeitpark ein. Sie lädt die Kinder ein, gemeinsam einen fantastischen Freizeitpark direkt vor Ort im Kindergartenraum / in der Turnhalle / im Klassenraum zu erleben. Damit niemand verloren geht, erreicht man den Park nur mit Musik. Immer wenn Musik spielt, setzen sich alle in Bewegung; stoppt die Musik, bleiben alle stehen, hören sich genau an, wie es weitergeht, und bewegen sich dann wieder.
Die drei Abschnitte des Musikstücks (Teil A zum Gehen, Teil B zum Hüpfen, Teil C zum „Durchhalten") wiederholen sich sechsmal. Die Besonderheit liegt darin, dass Teil C mit jeder Wiederholung ein Stück länger wird.

Am Eingangstor zum Fitness-Freizeitpark	
Musikpause	„Kommt alle mit, wir müssen zuerst an der Kasse vorbeigehen."
Teil A	Alle gehen im Raum umher.
Teil B	Vor lauter Vorfreude geht es hüpfend weiter. Bei Musik-Stopp stellen sich alle an die Stühle.
Musikpause	„Oh, seht ihr die Warteschlangen vor dem Kassenhäuschen, da müssen wir uns wohl anschließen."
Teil C	Alle gehen in Schlangenlinien um die Stühle herum.
Musikpause	„Zum Glück lösen sich die Schlangen schnell wieder auf und es geht weiter, direkt zum Bezahlen."
	Zuerst werden die Stühle mit den Lehnen gegen die Tische gestellt …
	Der Eintritt ist schnell entrichtet, denn es kostet nur 10 Klatscher (3 Kniebeugen, Liegestütze in der Anzahl des Lebensalters o. Ä. je nach Fitness der Gruppe). Ist die Aufgabe erledigt, geht es durch das Kassenhäuschen. Hier ist es ziemlich eng.
Teil A2	Alle gehen bzw. kriechen unter den Tischen durch.
Teil B2	Geschafft! Hüpfend geht es weiter …
Musikpause	„Kommt, wir erklimmen als erstes den Aussichtsturm – den Power-Tower – und aus luftiger Höhe halten wir nach den interessantesten Stationen Ausschau."

Teil C2	*Jeder klettert auf einen Stuhl, legt die Hand an die Stirn und hält Ausschau …*
Musikpause	*Wer etwas entdeckt, hat zwei Möglichkeiten: die Mutigen rauschen mit dem Power-Tower-Schlitten, das heißt sie springen hinab, und die anderen steigen vorsichtig wieder herunter … Unten angekommen und auch im weiteren Verlauf des Rundgangs entscheidet die Gruppenleitung oder die Gruppe, ob es gleich weiter geht oder wie oft die Aktion wiederholt wird (in diesem Fall z. B. ob der Aussichtsturm noch einmal erklommen werden soll). Wer gleich noch einmal nach oben möchte, muss sich allerdings wieder anstellen, also …*
Teil A3	*In Kleingruppen gehen alle um ihre Stuhl-/Tischkombination herum …*
Teil B3	*Alle hüpfen weiter …*
Teil C3	*Alle klettern wieder auf den Stuhl und halten Ausschau …*
Musikpause	*Wenn alle unten sind, geht es in der gleichen Form von einer Aktivität zur anderen.*

Die Kinder können ihre eigenen Ideen einbringen und Vorschläge machen oder die Gruppenleitung stellt sich für ihre Gruppe anhand des folgenden Übersichtsplans eine gezielte Fitnessübungsfolge zusammen. Hierbei sollte sie möglichst vielfältige gymnastische Übungen mit unterschiedlichen motorischen Anforderungen einplanen, die den ganzen Körper von oben bis unten bewegen. Wenn eine Aktion besonders viel Spaß macht und die Zeit in Teil C nicht reicht, wird einfach in der Musikpause weitergemacht. Je nach Anzahl der Stationen, die besucht werden, oder je nach Zeitrahmen wird der Musiktitel immer neu gestartet oder andere passende Instrumentalaufnahmen eingeschoben.

Auf der Gymnastikwiese
Auto-Scooter
Die Kinder setzen sich auf den Boden, winkeln ihre Beine an, halten pantomimisch ein Lenkrad in der Hand und rutschen dann auf dem Po durch den Raum. Ob es Karambolagen geben wird?

Boot fahren
Indianer-Kajak: Die Kinder knien mit einem Bein auf dem Boden und stellen das andere Bein gebeugt auf, dann machen sie mit den Armen Paddelbewegungen.
Ruderboot: Die Kinder setzen sich in 2er-, 3er- oder 4er-Gruppen dicht hintereinander in den Grätschsitz und machen mit den Armen Ruderbewegungen, dabei beugen sie den Oberkörper so weit wie möglich vor und zurück.

Geisterbahn
Die eine Hälfte der Gruppe und setzt sich verteilt im Raum auf den Boden und macht unheimliche Geistergeräusche. Die anderen Kinder schließen die Augen oder halten sich die Augen zu und gehen durch den Raum. Vor dem nächsten Besuch erfolgt ein Rollentausch.

Kleines Bälle-Bad
Baumstammrollen: Alle Kinder kullern und rollen wie die Bälle durch die Gegend mit Baumstammrollen seitwärts.
Rückenschaukel: Die Knie im Sitzen ganz dicht an den Körper ziehen, mit den Händen die Unterschenkel umfassen, die Nase zwischen die Knie stecken (und möglichst da lassen) und auf dem Rücken zurück und wieder nach vorn schaukeln.
Seitwärtsrolle (für die Größeren): Im Sitzen die Beine anwinkeln und die Fußsohlen aneinanderlegen, mit beiden Händen die Füße zusammenhalten und über die eine Seite seitwärts auf den Boden rollen, weiter über den Rücken auf die andere Seite und sich wieder zum Sitz aufrichten.
Rolle vorwärts: Auf einer Iso- oder Gymnastikmatte unter Anleitung Rollen vorwärts machen. Alle versuchen dabei aufzustehen, ohne die Hände auf den Boden zu stützen, anfangs mit Hilfe (ein Partner/Helfer steht vor dem Kind und zieht es an beiden Händen hoch).

Windmühlen-Miniaturwelt
Mini-Windmühle: Alle Kinder knien sich auf den Boden und drehen beide Arme zusammen vorwärts oder rückwärts.
Korn-Mühle: Die Kinder drehen im Stehen beide Arme wie Windmühlenflügel versetzt nacheinander vor- und rückwärts.
Holland-Mühle: Die Kinder bilden zu viert kleine Kreise, legen ihre rechten Hände in der Mitte zusammen, strecken die linken Arme aus und gehen im Uhrzeigersinn im Kreis herum. Richtungswechsel.

Park-Express
Alle Kinder stellen sich hintereinander als Zug auf, halten sich beim Vorderkind an der Taille fest und machen laufend eine Rundfahrt über das Gelände.

Rutschen
Auf dem Po (dem Bauch, dem Rücken) vorwärts und rückwärts über den Boden rutschen.

Schießbude

In der Musikpause gehen die Kinder zu Paaren zusammen. Ein Kind stellt sich wie eine Schießbudenfigur auf und denkt sich an seinem Körper eine Stelle aus, an der es getroffen werden muss, z. B. das Ohr, das Knie, der Po.

Zu Teil C der Musik schleicht das Partnerkind mit gezogener Pistole (dem ausgestreckten Zeigefinger) um das Kind herum. Dabei tippt der Zeigefinger alle möglichen Körperstellen an. Trifft dieser den richtigen Punkt, beginnt die Schießbudenfigur wild herumzuzappeln.

Tipp: Anfangs muss die Gruppenleitung den Kindern (Schießbudenfiguren) evtl. die Körperstelle ins Ohr flüstern, z. B. die Nasenspitze. Dann kann sie an den Reaktionen der Kinder beobachten, ob sie das Spiel verstanden haben.

Tanz- und Varietébühne

Die Kinder stellen sich im Kreis auf. In der Mitte ist die Manege, in der unterschiedliche Künstler auftreten. Die zuschauenden Kinder machen ihnen alles nach.

Clown-Show: Clowns treten auf und alle gehen im Charly-Chaplin-Gang.

Tanz-Show: Tänzer zeigen ihre neusten Tanzschritte und alle machen mit.

Gummiknochen-Akrobatik: Menschen mit Gummiknochen zeigen ihr Können. Versucht es doch auch einmal: Die Beine in der Grätsche ganz weit auseinander schieben (Spagat), in der Grätsche sitzen und den Bauch abwechselnd auf das rechte und das linke ganz ausgestreckte Bein oder in die Mitte zwischen die Beine auf den Boden legen.

Kunststücke: Wer möchte, kann in die Mitte gehen und ein eigenes Kunststück zeigen (ohne Musik). Kann jemand ganz lange auf einem Bein stehen, eine Standwaage, einen Schneider- oder Yogasitz, eine Brücke, einen Kopf- oder Handstand oder ein Rad? Vielleicht gibt es ja auch begabte Gummibärchen-Schlucker (Gummibärchen hochwerfen und mit dem Mund auffangen) in der Gruppe?

Trampoline

Alle hüpfen mit geschlossenen Beinen oder auf dem linken bzw. rechten Bein, zeigen Hock- und Grätschsprünge, Sprünge mit halben oder ganzen Drehungen.

Tanz- und Varietébühne

Trampoline

Im Klettergarten aus Stühlen und Tischen

Achterbahn
Hintereinander zu zweit oder in Kleingruppen auch einmal angefasst gehen bzw. laufen die Gruppen in Schlangenlinien um alle Stuhl-/Tischkombinationen herum. Bergab geht es unter den Tischen durch.

Seehund-Show
Robben: Die Kinder legen sich auf den Boden und robben, rutschen und drehen sich wie Seehunde mit langen Beinen und geschlossenen Füßen.
Flossenklatscher: Die Seehunde robben an die Stühle heran, ziehen sich zur Sitzfläche hinauf, legen sich mit den Hüften und Oberschenkeln darauf, heben ihre Oberkörper hoch in die Luft und klatschen dabei mit den „Flossen".
Schnüffelnasen: Die Kinder robben an die Stühle heran, stützen die Hände darauf (Liegestütz) und lassen dann die Nase abwechselnd hoch in der Luft und tief auf dem Stuhl schnüffeln.

Großes Bälle-Bad
Abrollen: Die Kinder rollen sich aus dem Knien heraus vom Stuhl herunter auf eine Iso- oder Gymnastikmatte ab und stehen freihändig auf.
Taucherrolle: Die Kinder gehen auf zwei bis drei dicht nebeneinander stehenden Stühlen (je nach Sitzflächen) in die Bauchlage, rollen aus der Bauchlage auf die Matte ab und stehen freihändig auf.

Klettergarten
Die Spielleitung stellt zusammen mit den Kindern alle Stühle so im Raum verteilt auf, dass die Kinder auf unterschiedlichen Wegen vom einen zum anderen klettern oder balancieren können und unter den Tischen durch zum nächsten Stuhl.

Ponyreiten
Jedes Kind setzt sich rittlings mit dem Blick zur Lehne auf einen Stuhl und „reitet" auf dem Stuhl. Wenn der Stuhl es zulässt, kann es sich dabei mit dem Stuhl auch vorwärts bewegen.

Wasserrutsche (mit Hilfe von 2 Erwachsenen)
Ein Tisch wird an einer Seite von den Stühlen befreit. Zwei Erwachsene stehen als Helfer am Rutschtisch bereit. Die Kinder laufen auf allen Vieren um die Stühle und Tische herum, klettern nacheinander auf den Rutschtisch, legen sich auf den Bauch, strecken ihre Arme aus und liegen möglichst lang und mit Körperspannung.
Hilfestellung: Die Helfer ergreifen jeweils einen Arm, fassen an der Hand und am Oberarm unter der Achsel an und ziehen die Kinder mit Schwung über die Tischplatte weit und hoch hinaus, bis sie sie sicher auf dem Boden absetzen können.

An der Losbude
Wenn den Kindern der Besuch des Fitness-Freizeit-Parks Spaß gemacht hat, lassen sich weitere Besuche ein wenig anders organisieren.

Vorbereitung: Die Kinder malen Bilder von den einzelnen Stationen auf Pappe. Die Gruppenleitung kopiert die Bewegungsideen, schneidet sie aus und klebt sie auf die jeweiligen Bilder. Dann werden die Karten gemischt und in einen Karton gestellt.
Gleich hinter dem Kassenhäuschen befindet sich eine Losbude. Nacheinander darf jedes Kind ein Los bzw. eine Karte ziehen. Zum Teil A der Musik machen sich alle auf den Weg, gehen und hüpfen zu Teil B, bevor sie zu Teil C an der Station aktiv werden und ihren Spaß haben.

Ein Abenteuertag im Fitness-Freizeit-Park

An bestimmten Tagen kann es passieren, dass es gleich hinter dem Kassenhäuschen eine besondere Überraschung gibt und unterschiedliche Abenteuertage stattfinden, z. B.:

Der Rückwärtstag	*Alle Besucher dürfen sich nur rückwärts bewegen.*
Der Frischlufttag	*Alle Aktionen finden im Freien statt.*
Der Zootag	*Der Park ist nur für Tiere mit ihren typischen Gangarten geöffnet.*
Die Gespensternacht	*Alle Besucher schweben als Gespenster von Station zu Station und erobern den Park im Dunkeln mit Taschenlampenlicht.*

Und das sagt Rolf dazu:

Viel Geld gespart, eine nervenaufreibende An- und Abreise und das Warten in der Besucherschlange dazu. Für mich waren die großen Freizeitparks immer eine zweischneidige Sache. Sie wecken geradezu einen Heißhunger auf Sensationen und machen die Kinder rastlos auf der Jagd nach Befriedigung ihres Erlebnishungers. Gut dosiert kann man dort allerdings auch eine Menge Spaß haben – wenn das Portmonee mitspielt. Der etwas andere Freizeitpark, den Heidi Lindner hier eröffnet hat, ist mir ohne jede Einschränkung sympathischer. Er ist voller Angebote, die sich nicht laut und schrill aufdrängen, hier sind die Kinder selbst die Sensationen, alles ist im Fluss, alles in Bewegung und das ganz ohne Stress. Wenn wir Kinder stark machen wollen, dann nicht zuletzt damit, den immer neuen, immer bunteren Angeboten, die es für Geld gibt, etwas entgegenzusetzen, was man, auch bei knapper Kasse, in der stärksten Währung der Welt, der eigenen Fantasie, jederzeit bezahlen kann.

Mami, jetzt trimm ich dich fit

Nr. 4 – Musik und Text: Rolf Zuckowski
© MUSIK FÜR DICH Rolf Zuckowski OHG, Hamburg

Wie viel Geld hast du schon aus-ge-ge-ben, nur um ei-ne Plei-te zu er-le-ben, Jog-ging, Stret-ching und Gym-nas-tik, Han-teln aus Me-tall und Plas-tik, und was kam am En-de da-bei raus? Du kamst nur ka-putt zu-rück nach Haus'. Und dann noch die-se schreck-li-che Di-ät, wo das doch al-les so viel leich-ter geht:

Refrain

Ma-mi, jetzt trimm' ich dich fit. (Dib, dib, dib, dib, di-dib)
Ma-mi, komm be-weg dich und mach mit! (Dib, dib, dib, dib, di-dib)

Heimlich geübt
Überraschungsaktion für die Eltern

Sich gemeinsam mit Mama und Papa zu bewegen macht Spaß. Bewegungsideen heimlich vorzubereiten und die Eltern mit gemeinsamer Bewegungszeit zu überraschen, kann noch mehr Spaß machen. Also, an die Arbeit …

Musik: CD-Nr. 4 „Mami, jetzt trimm ich dich fit"
Material: pro Kind 1 Schuhkarton und 1 großes Handtuch, Einladungsschreiben, eine ausreichend große Bewegungsfläche für Erwachsene und Kinder
Erfahrungsfeld: Pantomime, Partnerarbeit, Rollenspiel (Familie)
Bewegungsaktivität: Gehen, Laufen, Hüpfen, Tanzen, allgemeine Geschicklichkeit im Umgang mit dem Schuhkarton und dem Handtuch
Vorbereitung: Die Deckel auf den Schuhkartons festkleben, damit sie sich nicht mehr öffnen.

Vorbereitung des Liedes: Die Kinder lernen das Lied kennen. Zum Üben gehen sie zu Paaren zusammen. Abwechselnd proben sie die Kinder- und Erwachsenenrolle.

Da der Text des Liedanfangs sich an die Erwachsenen richtet und für jüngere Kinder nicht leicht verständlich ist, werden die pantomimischen Aktionen dazu erst ganz am Ende besprochen und geübt.
Die einzelnen Strophen und der Einsatz der Materialien werden Stück für Stück gespielt, das heißt in den Musikpausen erklärt die Gruppenleitung jeweils die nachfolgende Aktion. Vor dem Abspielen der Strophe lässt sie die Kinder zunächst ohne Musik mit den Materialien experimentieren. Nach einiger Zeit hören sich (beim ersten Mal) alle den Strophentext an und versuchen das Gesungene nachzuspielen. Erst wenn alle wissen, was sie machen sollen, spielt die Musik weiter.

Liedtext „Mami, jetzt trimm ich dich fit" (→ S. 42)	Bewegungsidee
Vorspiel (0:00–0:44) Wie viel Geld hast du schon ausgegeben, nur um eine Pleite zu erleben, Jogging, Stretching und Gymnastik, Hanteln aus Metall und Plastik, und was kam am Ende dabei raus? Du kamst nur kaputt zurück nach Haus'. Und dann noch diese schreckliche Diät, wo das doch alles so viel leichter geht:	*Alle stehen auf und zeigen die typische Geld-Handbewegung (reiben Daumen, Zeige- und Mittelfinger aneinander) und winken ab.* *Laufen auf der Stelle, Kniebeugen und Hantelübungen der Oberarme zeigen.* *Alle ziehen die Schultern hoch.* *Alle wischen sich die Stirn, machen ein müdes Gesicht und strecken angewidert die Zunge heraus und machen sich bereit …*
Refrain (0:45–1:05) Mami, jetzt trimm' ich dich fit. Mami, komm beweg dich und mach mit! So ein Fitnessstudio findest du sonst nirgendwo. Mami, jetzt trimm' ich dich fit.	In der Vorbereitung: *Die Kinder laufen durch den Raum und die Partner folgen ihren Spuren.* Bei der Überraschungsaktion: *Die Kinder stürmen auf ihre Erwachsenen zu und ziehen sie mit.*

Liedtext „Mami, jetzt trimm ich dich fit" (→ S. 42)	Bewegungsidee
Musikpause *Die Paare spielen mit dem Handtuch und proben dann die Bewegungsaktion.*	
1. Strophe (1:06–1:32) Sieh dir mal das Handtuch an, was man damit machen kann: Linker Zipfel – linke Hand, rechter Zipfel – rechte Hand, zehnmal beugen, zehnmal bücken, komm wir rubbeln uns den Rücken, immer wieder hin und her, auf und nieder, kreuz und quer, deinen Babyspeck kriegen wir schon weg.	*Die Partner fassen gemeinsam das Handtuch an und heben es hoch in die Luft und ziehen es bis zum Boden herunter.* *Beide halten das Handtuch mit beiden Händen und versuchen sich damit umzudrehen. Das Handtuch am Rücken hin- und herbewegen und gleichzeitig tief in die Hocke gehen und wieder hoch aufrichten.*
Refrain (1:33–1:54) Mami, jetzt trimm' ich dich fit. Mami, komm beweg dich und mach mit! So ein Fitnessstudio findest du sonst nirgendwo. Mami, jetzt trimm' ich dich fit.	*Die Kinder laufen mit den Erwachsenen auf allen Vieren um das Handtuch herum.*
Musikpause *Die Paare spielen mit dem Pappkarton und proben die Aktivitäten entsprechend des folgenden Textes.*	
2. Strophe (1:55–2:20) Dieser leere Pappkarton ist zum Glück nicht aus Beton. Linke Seite – linke Hand, rechte Seite – rechte Hand. Durch die Beine, hoch nach oben, machst du prima, muss dich loben! Immer wieder auf und ab, streng dich an und mach nicht schlapp. Deinen kleinen Bauch, du den schaff' ich auch.	*Beide Partner legen ihre Hände an den Karton …*  *… drehen sich um und reichen den Karton erst durch die Beine und dann über dem Kopf von einem zum anderen.*
Refrain (Zeit: 02:20–02:41) Mami, jetzt trimm' ich dich fit. Mami, komm beweg dich und mach mit! So ein Fitnessstudio findest du sonst nirgendwo. Mami, jetzt trimm' ich dich fit.	*Jedes Paar sucht sich eine Lieblingsübung mit dem Pappkarton aus und übt bzw. spielt diese.*
Musikpause *Die Paare legen das Handtuch ausgebreitet als Bett auf den Boden und probieren aus, wie das „Fahrstuhl fahren" gelingen kann.*	

Liedtext „Mami, jetzt trimm ich dich fit" (→ S. 42)	Bewegungsidee
3. Strophe (2:41–3:07) Hier in deinem Kuschelbett ist's mit mir noch mal so nett. Linkes Füßchen in die Luft, rechtes Füßchen, schöner Duft. Lass mich mal da oben sitzen, gleich wirst du ein bisschen schwitzen, wenn ich mit dir Fahrstuhl fahr' auf den Füßen, wunderbar! Mami, alles klar! Jetzt trimm ich Papa! „Ich hab's geahnt …"	*In der Vorbereitung: Ein Partner liegt auf dem Rücken, der andere legt sich mit dem Bauch auf die Unterschenkel und stützt sich am Boden ab.* *In der Überraschungsaktion: Die Erwachsenen liegen auf dem Rücken und die Kinder heben nacheinander ihre Beine an (Wer weiß noch, welches das linke und welches das rechte Füßchen ist?) Nase zuhalten!* *Die Erwachsenen stellen ihre Füße leicht auswärts in die Leistenbeuge der Kinder (nicht in den Bauch), halten ihre Hände, heben sie hoch in die Luft und lassen sie „fliegen".*
Refrain (3:08–3:40) Papi, jetzt trimm' ich dich fit …	*Alle laufen, hüpfen und tanzen im Raum umher.*

Vorbereitung der Überraschungsaktion

14 Tage vorher: Jedes Kind bringt ein großes Handtuch und einen Schuhkarton mit. Die Kinder üben das Lied heimlich, ohne zu Hause etwas zu verraten. Die Gruppenleitung zeigt den Kindern die Bewegungen zum Vorspiel und sie spielen es nach. (Bei Bedarf stellt sich die Gruppenleitung auch während der Vorführung so, dass alle Kinder sie sehen können, und macht die Bewegungen mit.)
Die Eltern erhalten eine Einladung, an einem bestimmten Tag beim Abholen einmal eine Viertelstunde früher zu erscheinen und eine kleine Vorführung ihrer Kinder mitzuerleben. Sie werden gebeten, für den Bewegungsraum oder die Turnhalle Turnschuhe bzw. Anti-Rutschsocken mitzubringen.

45 Minuten vorher: Die Kinder bauen Zuschauerplätze aus Bänken / Stühlen / Kissen auf (möglichst alle nebeneinander), verteilen ihre Materialien (ausgebreitetes Handtuch mit Schuhkarton daneben) gleichmäßig auf der Spielfläche (nicht zu dicht zusammen) und üben noch einmal.

Kurz vorher: Die Kinder bitten ihre Eltern, die Schuhe auszuziehen, und führen sie auf die Sitzplätze. Sind alle da, setzen sich die Kinder auf ihre Handtücher.

Es ist soweit: Die Gruppenleitung begrüßt die Eltern und erzählt, wie fleißig die Kinder geübt haben und dass alle ganz aufgeregt sind. Sie fragt die Kinder, ob sie bereit sind, dann geht es los.
Die Eltern lehnen sich gemütlich und erwartungsvoll auf ihrer Bank zurück.
Die Musik beginnt, die Kinder stehen auf und spielen ihren Zuschauern das Vorspiel vor … Beim 1. Refrain laufen alle auf ihre Eltern zu, ziehen sie an der Hand von ihren Sitzen hoch, sagen ihnen, dass sie alles nachmachen sollen und laufen mit ihnen im Raum umher zum Handtuch. Am Ende des Refrains stoppt die Gruppenleitung die Musik, um sicherzustellen, dass alle bereit sind. Anschließend bewegen sich Eltern und Kinder gemeinsam zu dem Lied weiter. Die Gruppenleitung unterbricht die Musik jeweils vor den Strophen und hilft mit kurzen Erläuterungen weiter. Am Ende sind sich sicher alle einig: Eine Super-Überraschung für die Eltern und leuchtende Kinderaugen wegen dieses gelungenen Streichs.

Und das sagt Rolf dazu:

Auch ich habe inzwischen einen Crosstrainer im Haus, der mich jeden Tag ein wenig vorwurfsvoll anschaut. Er lockt mich mit dem Fernsehbild an der Wand und verspricht mir ein unterhaltsames, gesundes halbes Stündchen vor dem Frühstück oder Zubettgehen. Wie viel lieber sind mir da doch meine Enkelkinder, mit denen ich den Fußboden in unserer Wohnung wieder entdeckt habe und unser Treppenhaus aus einer lange nicht wahrgenommenen Perspektive und mit fast schon vergessenen Spielmöglichkeiten erlebe. Von ihnen geweckt zu werden, was mir leider nur ab und zu gegönnt ist, macht die Bettdecke zum Zirkuszelt und das zum Glück ganz ohne Publikum. „Opa, jetzt trimm ich dich fit" ist also eine nahe liegende Textvariante für das hier behandelte Lied für alle Enkelkinder, die nicht nur Mami und Papi fit trimmen wollen.

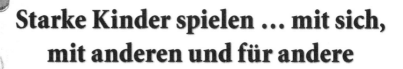

Starke Kinder spielen ... mit sich, mit anderen und für andere

Von der Idee zur Vorführung

Sobald die Idee zu einer Spielaktion oder Vorführung geboren oder aus diesem Buch ausgewählt ist, besteht die erste Aufgabe darin, die weitere Vorgehensweise zu planen. Jede Gruppe wird durch die Art der Anleitung der Gruppenleitung individuelle Vorbereitungsschritte benötigen, der Leistungsfähigkeit der Kinder angepasste Bewegungsaufgaben auswählen und unterschiedlich viel Zeit brauchen, um ihre eigene Umsetzung bzw. Spielform zu einem Lied zu finden. Nach vielen Jahren des Ausprobierens und der erfolgreichen spielerischen Umsetzung mit verschiedensten Kindergruppen, haben sich bei uns die nachfolgenden Planungsschritte sehr bewährt, die anhand der Spiel- und Vorführidee zu dem Lied „Starke Kinder" genauer erläutert werden.

Vorbereitung der Gruppenleitung

1. Ein neues Lied / Projekt selbst suchen oder aus diesem Buch auswählen.
2. Das Lied oder Musikstück genau anhören und die Struktur notieren.
Beispiel „Starke Kinder": Vorspiel, 1. Strophe, 2. Strophe, Refrain A, Refrain B, Zwischenspiel (instrumental), 3. Strophe, 4. Strophe, Refrain A + B, Schluss.
3. Die Hauptbewegungsform zum Rhythmus der Musik ermitteln. Im Beispiel von „Starke Kinder" fiel die Entscheidung auf das „Gehen". Dies wird von Lied zu Lied und von Idee zu Idee sehr unterschiedlich sein. Oft ergibt sich eine Kombination aus verschiedenen Bewegungen.
4. Musik-Spiel-Ideen zu den Hauptbewegungsformen suchen. In unserem Beispiel: Lernen *Starke-Kinder-Ketten* zu bilden (➜ S. 52).
5. Entscheiden, ob spezielle Materialien, Requisiten oder Kostüme benötigt werden. Wenn ja, dies mit den Kindern ausprobieren. Im Beispiel: Kartons
6. Projektziel oder -termin festlegen, z. B.: Eine Vorführung auf dem Sommerfest!
7. Die entsprechenden Materialien, Requisiten, Kostüme beschaffen und vorbereiten.

Vorbereitung der Kinder

Die Kinder vermitteln bei einer Vorführung nur dann ein glückliches und selbstbewusstes Bild, wenn sie sicher können, was sie vorzeigen. Daher sollten die ausgewählten Bewegungsaufgaben für eine Vorführung lieber kindgerecht und einfach sein und von den meisten Kindern der Gruppe erfolgreich ausgeführt werden können. Schwierige Bewegungsabläufe überfordern die Kinder und führen zu Unsicherheiten.

✦ Mit Hilfe der Musik-Spiel-Ideen (*Starke-Kinder-Ketten*, ➜ S. 52 und *Karton-Spielereien*, ➜ S. 57) verschafft sich die Gruppenleitung ein Bild über die Fähigkeiten der einzelnen Kinder und der gesamten Gruppe.
✦ Bei großen Leistungsunterschieden innerhalb einer Gruppe bieten sich Differenzierungsmöglichkeiten, wie in unserem Beispiel: Verschiedene Starke-Kinder-Ketten zu zweit, zu viert usw. bilden, unterschiedliche Kartons verwenden.
✦ Klare kindgerechte Strukturen schaffen, nicht zu viele Veränderungen einplanen, z. B. den Refrain immer gleich gestalten und nur die Bewegungen in den Strophen variieren ...
✦ Einfache Raumwege und Organisationsformen wählen, z. B.: Alle Mädchen ..., alle Jungen ...

Kinder können nur die Dinge überzeugend spielen und darstellen, die sie verstanden haben. Werden Lieder mit Text eingesetzt, ist es meistens erforderlich, den Kindern den Text mit eigenen Worten zu erläutern und im Gespräch zu verdeutlichen. Dabei sollte auf die Fragen, Ideen und Anregungen der Kinder eingegangen werden.

Die Probenplanung

Es bedarf einiger Vorüberlegungen, wenn die Kinder mit Spaß und Freude durch ein Vorführprojekt geleitet werden sollen. Die sich wiederholenden Elemente einer Vorführung können in der täglichen oder wöchentlichen Gruppenarbeit immer wieder kurz geübt werden.

In unserem Beispiel:

- Die Kinder können als Starke-Kinder-Ketten zum Händewaschen, auf den Pausenhof oder aus der Turnhalle ziehen.
- Die rhythmische Begleitung einzelner Musikabschnitte, die eigentlich mit den Kartons gezeigt wird, üben die Kinder an ihren Körpern oder auf dem Tisch bzw. Fußboden.
- Die Geschicklichkeit im Umgang mit Kartons, die in der Vorführung „Starke Kinder" zum Einsatz kommen, entwickelt sich auch in freien Spielphasen, in denen die Kinder mit dem Material spielen.

Probeneinheiten zur ausgewählten Musik und mit den eingesetzten Materialien müssen zeitlich der Konzentrationsfähigkeit der Gruppe angepasst werden und bewegen sich für Gruppen im Vor- und Grundschulalter in einem Zeitrahmen zwischen 20 und 45 Minuten. Ohne Kenntnisse über die Gruppe, ihre Vorerfahrungen und Leistungsfähigkeit lässt sich die Anzahl benötigter Probeneinheiten nur schwer voraussagen. Möglich ist aber, dass in der Vorbereitungsphase bis zur Vorführung einmal ein Probentief und Lustlosigkeit auftauchen, das ist auch bei den Profis auf der Bühne so. Diese durchzustehen und zu überwinden erfordert von der Gruppenleitung pädagogisches Geschick, fördert die Persönlichkeitsentwicklung der Kinder aber auch besonders. Eine neue Probenmotivation lässt sich durch geschicktes Einplanen einer Probe im Kostüm und mit den Requisiten kurz vor der Aufführung schaffen. Auch sollte die Gruppe mindestens einmal auf der tatsächlichen Vorführfläche proben. Das ist für die Sicherheit und die Orientierungsfähigkeit der Kinder sehr wichtig.

Vor der Aufführung

Die Gruppenleitung sorgt für:

- einen angemessenen Zeitrahmen. Hektisches Verhalten aufgrund fehlender Zeit überträgt sich sehr schnell negativ auf die Kinder.
- eine ausreichende Anzahl von BetreuerInnen.
- für die ordentliche und rechtzeitige Bereitstellung der Requisiten und Kostüme, eventuell eine Umkleidemöglichkeit.
- eventuell Obst und Mineralwasser für zwischendurch.
- ausreichend Zeit für einen letzten Toilettengang. Nicht nur die Kinder sind aufgeregt.
- rechtzeitiges Bereitstellen der Gruppe. Sie führt sie sicher auf die „Bühne".

Während der Vorführung

… nimmt das Schicksal seinen Lauf. Den jüngeren Kindern verschafft die Gruppenleitung viel Sicherheit, wenn sie ganz in der Nähe ist und genau wie alle anderen im Kostüm mitspielt. Ältere Kinder sind vielleicht stolz darauf, es ganz allein zu schaffen. Passiert einmal ein Fehler, so wird dieser „weggelächelt" und die Kinder spätestens am Ende des Auftritts liebevoll in den Arm genommen.

Begeisterung und Applaus für die Gruppe gibt jedem Kind persönlich ein Gefühl von Anerkennung. Jeder ist stolz darauf, „es geschafft zu haben". Erhalten die Kinder die Möglichkeit, ihre Vorführung ein weiteres Mal zu zeigen, werden sie mit wachsendem Selbstvertrauen und zunehmender Selbstsicherheit auftreten, die Erinnerung daran nie vergessen und weitere Erlebnisse dieser Art genießen.

Starke Kinder

Nr. 5 – Musik und Text: Rolf Zuckowski
© MUSIK FÜR DICH Rolf Zuckowski OHG, Hamburg

Verse

1. Star - ke Mäd - chen ha - ben nicht nur schö - ne Au - gen. Star - ke Mäd -
(2.) (Jungs,) die kön - nen nicht nur Mus - keln zei - gen. Star - ke Jungs,
(3.) (Mäd-) chen ste - hen fest auf ih - ren Bei - nen. Star - ke Mäd -
(4.) (Jungs,) die wol - len al - les selbst er - le - ben. Star - ke Jungs,

chen ha - ben Fan - ta - sie und Mut. Star - ke Mäd -
die zei - gen Köpf - chen und Ge - fühl. Star - ke Jungs
chen wol - len al - les aus - pro - bier'n. Star - ke Mäd -
die kön - nen auch mal Zwei - ter sein. Star - ke Jungs

chen wis - sen selbst, wo - zu sie tau - gen. Star - ke Mäd -
woll'n ih - re Mei - nung nicht ver - schwei - gen. Star - ke Jungs,
chen sa - gen ehr - lich, was sie mei - nen. Star - ke Mäd -
sind stark ge - nug, um nach - zu - ge - ben. Star - ke Jungs,

1.

chen ken - nen ih - re Chan - cen gut. 2. Star - ke Jungs,
die kom - men
chen kön - nen sie - gen und ver - lier'n. 4. Star - ke Jungs,
die fall'n auf

2.

Refrain

lä - chelnd an ihr Ziel. Star - ke Kin -
Sprü - che nicht he - rein.

50

Starke-Kinder-Ketten

„Starke Kinder halten felsenfest zusammen", heißt es im Refrain des Liedes „Starke Kinder". Auf der Suche nach Bewegungsformen, die das Zusammenhalten deutlich symbolisieren, kristallisierte sich die Kettenform als stark und dauerhaft heraus. Die wechselnden Bewegungsaufgaben fügen Kindergruppen spielerisch zu immer neuen Ketten zusammen, fördern insbesondere das Sozialverhalten und eine positive Gruppenatmosphäre voller Akzeptanz, die entsteht, wenn Berührungsängste abgebaut werden und jeder den anderen anfassen mag. Die Länge der Kinderketten und ihre Art der Verbindung lassen sich jederzeit verändern und somit den Fähigkeiten der Kinder anpassen.

Musik: CD-Nr. 11 Instrumentalaufnahme „Du gehörst zu uns" oder CD-Nr. 12 Instrumentalaufnahme „Alle machen Fehler"
Erfahrungsfeld: soziales Lernen – Akzeptanz der MitspielerInnen, Körperkontakt aufnehmen und zulassen, Zuordnung von Zahlen, Farben, Eigenschaften
Bewegungsaktivität: paarweise gehen zur Musik; paarweise mit Richtungswechsel; paarweise mit verschiedenen Handfassungen; Gehen in 3er-, 4er- oder größeren Gruppen mit wechselnden Verbindungsaufgaben

Kurze Ketten

Die Kinder bilden ihre erste Starke-Kinder-Kette zu zweit. Zur Musik bewegen sich die Paare durch den Raum. In jeder Musik-Stopp-Pause wechseln die Kriterien für ein neues Paar, um sicherzustellen, dass ein ständiger Partnerwechsel stattfindet. Kinder, die die Aufgabe nicht sofort erfüllen können, treffen sich bei der Gruppenleitung. Diese kann die übrig gebliebenen Kinder zu Paaren zusammenfügen, eventuell mit ein bisschen Fantasie falls keine Gemeinsamkeit zu finden ist oder unter Einsatz „eines Zauberfingers". Der Zauberzeigefinger kann z.B. für eine einzige Spielaufgabe „die Socken zweier Kinder gleich einfärben".

Partnerwechsel in der Musik-Stopp-Pause, z.B.:

✦ „Sucht euch einen Partner eurer Wahl."
✦ „Sucht euch einen Partner, bei dem ihr irgendwo an seiner Kleidung die gleiche Farbe findet, die ihr selbst tragt."
✦ „Findet einen Partner, dessen Sockenfarbe (Hosen-, Pulli-, Haarfarbe, …) so aussieht wie eure."
✦ „Schaut euch in der Gruppe um, ob ihr ein Kind findet, dessen Füße (Schuhe, Hände) ungefähr so groß sind wie eure eigenen."
✦ Alle Mädchen suchen sich einen Jungen (Anzahl beachten und Rollentausch!)
✦ In altersgemischten Gruppen finden sich zwei, die gleich alt sind.
✦ Die Kinder suchen ein anderes Kind, das in derselben Jahreszeit oder im selben Monat Geburtstag hat.

Bewegungsaufgaben zur Musik, z. B.:

✦ „Stellt euch dicht nebeneinander und nehmt euch an die Hand. Nun geht zur Musik paarweise durch den Raum."
✦ „Einer von euch stellt sich vor den anderen und streckt beide Hände nach hinten. Der zweite fasst die Hände an und lässt sich durch den Raum ziehen."
✦ „Gebt euch beide Hände und geht zur Musik (ein Kind geht dabei vorwärts, das andere rückwärts; beide gehen seitwärts oder im Kreis herum). Schafft ihr es auch, wenn ihr die Hände dabei hoch über dem Kopf haltet?"
✦ Die eine Hälfte der Gruppe bildet mit hocherhobenen Händen Tore, durch die die anderen mit normaler Handfassung hindurchgehen. Wie ist es, wenn die Tore sich auch bewegen dürfen?
✦ Beide Partner haken sich ein und gehen im Kreis herum (Arm- und Richtungswechsel).
✦ Ein Kind steht hinter dem anderen. Das vordere Kind reicht eine Hand durch seine Beine, das hintere fasst die Hand an und beide versuchen, vorwärts zu kommen. (Diese Aufgabe ist den starken Elefanten abgeschaut.)

Die oben stehenden Anregungen lassen sich beliebig kombinieren und ergänzen.

Lange Ketten

Die Starke-Kinder-Ketten sollen länger werden und durch abwechslungsreiche Verbindungen trotzdem in der Bewegung fest zusammenhalten. Anfangs versucht die Gruppenleitung möglichst harmonierende 3er-, 4er- (und später auch größere) Gruppen zusammenzustellen. Hierbei kann sowohl die Sympathie der Kinder untereinander als auch das Größen- oder Kräfteverhältnis eine Rolle spielen. Die Gruppen bleiben während der wechselnden Aufgabenstellungen zusammen, damit sich die Geschicklichkeit in der jeweiligen Kette entwickeln kann.

Achtung, Starke-Kinder-Ketten

✦ „Könnt ihr zu dritt oder viert eine Kette bilden, die durch den Raum gehen kann, ohne zu reißen?" Die Kinder entscheiden selbst, an welchen Körperstellen oder Kleidungsstücken sie sich festhalten und in welche Richtung sie sich bewegen.

✦ „Stellt euch nebeneinander, schaut alle in eine Richtung (z. B. zur Tür) und fasst euch an. Einer von euch ist der Anfang der Kette und ‚zieht' diese nun durch den Raum."

✦ „Stellt euch hintereinander und fasst mit beiden Händen die Taille (das T-Shirt) des Kindes vor euch an. Wie lange schafft ihr es, durch den Raum zu gehen, ohne dass die Kette reißt?"

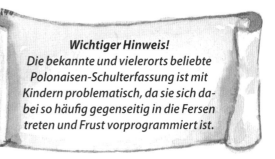

Wichtiger Hinweis!
Die bekannte und vielerorts beliebte Polonaisen-Schulterfassung ist mit Kindern problematisch, da sie sich dabei so häufig gegenseitig in die Fersen treten und Frust vorprogrammiert ist.

Schwierige Starke-Kinder-Kette

✦ Die Gruppen stellen sich hintereinander und jeder reicht eine Hand durch die eigenen gegrätschten Beine nach hinten, die der jeweilige Hintermann mit seiner freien Hand ergreift. Ob es jetzt noch vorwärts geht?

Internationale Starke-Kinder-Kette

✦ Diese besondere und sehr schwierige Starke-Kinder-Kette sieht man oft in den Folkloretänzen südlicher Länder. Die Kinder jeder Gruppe stellen sich mit dem Blick in eine Richtung nebeneinander auf und legen ihre Arme auf die Schultern des Nachbarn. „Könnt ihr euch in dieser Starken-Kinder-Kette zur Musik vorwärts, rückwärts oder sogar seitwärts bewegen, ohne dass sie zerreißt?"

Vorsicht, Super-Starke-Kinder-Kette

✦ Rhythmisch-musikalisch begabte Kinder können in ihrer Gruppe die verschiedenen Ketten noch gleichmäßiger und damit „haltbarer" gestalten, indem sie die o. g. Aufgaben im Gleichschritt und im Takt der Musik ausführen. Das bedarf allerdings einiger Übung – doch Übung macht ja bekanntlich den Meister.

Zwei Wettbewerbe für Starke-Kinder-Ketten

1. Die Gruppen stellen sich startklar im Raum auf. Die Kinder fassen sich an den Händen. Sobald die Musik erklingt, setzen sich alle in Bewegung. Die Gruppe, deren Kette zerreißt, setzt sich auf den Boden und darf für die anderen klatschen, trampeln etc. Sieger ist die Starke-Kinder-Kette, die am längsten zusammenhält.

2. Die Starke-Kinder-Ketten stellen sich startklar an eine Startlinie. Alle sind auf die gleiche Art verbunden. Setzt die Musik ein, bewegen sich alle Gruppen vorwärts, dabei darf die Kette nicht zerreißen. Die Gruppenleitung variiert die Dauer der Musikeinspielung je nach Verlauf der Aktion. Doch wenn die Musik stoppt, bleiben alle Ketten stehen. Welche Gruppe ist am weitesten vorangekommen?

Variante: Findet einmal heraus, wie der 2. Wettbewerb verläuft, wenn die Arten der Verbindung wechseln oder jede Gruppe selbst entscheiden darf, wie sie sich „aneinander ketten" will.

Und das sagt Rolf dazu:

Bei dem Wort „Kettenreaktion" kommen uns Erwachsenen allerlei Assoziationen in den Sinn, nicht nur positive. Der „Schneeballeffekt" kommt da schon etwas besser weg, obwohl sich auch dabei Unerfreuliches rasant verbreiten kann. Unsere Kinder können und sollten beides kennen lernen, zunächst spielerisch bewegt, später auch mit ihren kleinen grauen Zellen. In einer zunehmend von Medien geprägten Gesellschaft müssen wir schon bei den Kleinsten damit beginnen, die Wirkungen des eigenen Tuns bewusst zu machen, das Interesse für einander zu üben und immer auch die Konsequenzen dessen zu beachten, was man „angestoßen" hat. Die viel diskutierte Förderung der „Medienkompetenz" unserer Kinder beginnt in ihrer Spielwelt, hoffentlich lange bevor die Medien sich immer mehr in ihr Leben drängen.

Karton-Spielereien für starke Kinder

„Eine starke Leistung", denkt jeder sofort, wenn ein Karton bewegt wird, der breiter ist als der Körper oder höher als das Knie des Tragenden. Auf der Suche nach einer Vorführidee zu dem Lied „Starke Kinder" fiel die Wahl des Spielmaterials aus mehreren Gründen auf den Pappkarton:

- *Jedes Kind und jeder Erwachsene denkt beim Anblick eines größeren Kartons sofort, dass man beim Versuch, diesen zu bewegen, Kraft und Stärke benötigt.*
- *So ein Pappkarton motiviert Kinder zum Experimentieren und verschafft ihnen dabei vielerlei Handlungs- und Bewegungserfahrungen.*
- *Kartons jeder Größe sind fast überall kostenlos oder kostengünstig zu beschaffen.*
- *Die Gruppenleitung kann die Differenzierungsmöglichkeiten nutzen, die sich aus der Größe oder dem Gewicht eines Kartons ergeben. Sie ordnet den Kindern individuelle Kartons zu, dem kleineren Kind z. B. einen leichten und handlichen Karton, dem leistungsfähigeren Kind bietet sie Herausforderungen, indem sie den Karton füllt und damit schwerer macht. Zum Füllen des Kartons eignen sich viele Materialien, z. B. Bohnensäckchen, alte Telefonbücher usw. Bälle, die erschwerend im Karton herumkullern, fördern nicht nur die Kraft, sondern zusätzlich die Koordinationsfähigkeit des Kartonträgers.*
- *Kartons lassen sich von den Kindern selbst mit einfachen Mitteln kreativ gestalten.*
- *Wenn sie darüber hinaus noch falt- oder ineinander stapelbar sind, können Kartons Platz sparend verstaut und bei jeder Gelegenheit von starken Kindern selbstständig hervorgeholt und wieder aufgeräumt werden.*

Nach einer einleitenden freien Spiel- und Experimentierphase, in der die Gruppenleitung Bewegungsideen der Kinder beobachten und sammeln kann, lernen alle gemeinsam verschiedene Bewegungsmöglichkeiten mit dem Karton kennen. Dabei dient der Karton sowohl als Orientierungshilfe im Raum, als Musikinstrument, als Handgerät, mit dem die Arm- und Oberkörpermuskulatur gekräftigt werden kann, sowie als phantasievolles Baumaterial. Die dabei eingesetzte Instrumentalmusik liefert den Ordnungsrahmen und schafft eine lockere, fröhliche Atmosphäre.

Musik: CD-Nr. 11, 13 oder 15 Instrumentalaufnahmen
Material: Kartons in verschiedenen Größen: Schuhkartons, Verpackungskartons, Faltkartons (pro Person 1 Karton); evtl. Klebeband, um lose Deckel am Karton festzukleben
Erfahrungsfeld: Materialerfahrung in Bezug auf Größe und Gewicht mit verschiedenen Pappkartons; Fantasie und Kreativität
Bewegungsaktivität: Anfassen, Anheben, Aufheben und Hochheben des Kartons; sich mit dem Karton bewegen und ihn dabei in unterschiedlicher Art und Weise halten; Überwindung von Kartonhindernissen; Bauen mit Kartons

Bewegungsaufgaben zur Musik

- „Geht im Kreis um euren Karton herum." (Richtungswechsel)
- „Geht vorwärts, rückwärts, seitwärts um alle Kartons herum. Wenn die Musik stoppt, geht zu eurem Karton zurück." („… oder bleibt an irgendeinem Karton stehen.")
- „Geht durch den Raum und berührt die Kartons, an denen ihr vorbeikommt, mit dem Zeigefinger (der Hand, dem Ellenbogen, der Nase, dem Ohr, dem Fuß, dem Po, ohne euch draufzusetzen, …)."
- „Geht mit dem Karton im Raum umher und probiert aus, wie ihr ihn am besten halten könnt, z. B. vor dem Körper, an einer Seite, hoch über dem Kopf, hinter dem Rücken, dicht über dem Boden."
- „Schiebt euren Karton mit der rechten Hand (der linken Hand, beiden Händen, den Füßen, dem Kopf) über den Boden."
- „Stellt die Kartons wieder am Boden ab und geht zur Musik im Raum umher, ohne einen einzigen zu berühren. Wenn die Musik stoppt, versammelt ihr euch alle am kleinsten (größten, leichtesten, schwersten, roten, gepunkteten, …) Karton."

- „Bildet kleine Gruppen und schiebt eure Kartons am Boden zusammen. Zur Musik geht ihr ausschließlich um eure Kartons herum." (z. B. im Kreis mit Richtungswechseln oder an den Seiten der gestellten Form entlang.)

Bewegungsaufgaben in der Musik-Stopp-Pause
- „Könnt ihr ein kleines Trommelkonzert auf den Kartons spielen?"
- „Hebt den Karton einmal so hoch wie ihr könnt und stellt ihn wieder auf den Boden."
- „Hebt den Karton an und dreht euch mit ihm einmal im Kreis, bevor ihr ihn wieder abstellt."
- „Kann jemand seinen Karton mit einer Hand halten? Wer schafft es auch noch mit der anderen Hand?"
- „Wer schafft es, seinen Karton anzuheben und auf dem Kopf abzulegen? Bleibt er oben, wenn ihr vorsichtig eine Hand nach der anderen löst?"
- „Könnt ihr eure Kartons alle übereinander stapeln?"
- „Könnt ihr mit euren Kartons eine Burg oder eine Mauer bauen?"
- „Schafft ihr es, ein Tor aus zwei, drei oder allen Kartons zu bauen, so dass einer von euch hindurchgehen kann?"
- „Jede Gruppe baut aus ihren Kartons ein kleines Kunstwerk. Anschließend bildet ihr Starke-Kinder-Ketten."

Zur nächsten Musik bewegen sich die Ketten durch den Raum und sehen sich dabei die unterschiedlichen Kartonkunstwerke an, ohne sie zu berühren.

Bewegungsaufgaben zur Vorbereitung der Liedgestaltung „Starke Kinder"
- Die eine Hälfte der Gruppe (z. B. die Mädchen) bewegt sich mit dem Karton durch den Raum. Die anderen Kinder (z. B. die Jungen) begleiten die Aktion mit einem Trommelkonzert auf den Kartons. (Rollentausch)
- Eine Hälfte der Gruppe bewegt sich mit den Kartons durch den Raum, die andere klopft mit den Kartons auf den Boden. (Rollentausch)
- Die Mädchen bewegen sich mit dem Karton im Raum, die Jungen stellen sich dicht zusammen, halten die Kartons vor das Gesicht und stemmen sie im Rhythmus der Musik in die Höhe. (Rollentausch)
- „Baut aus allen Kartons eine Mauer. Wie viele starke Kinder können sich dahinter verstecken?"

Starke Kinder
Eine Vorführidee mit Kartons

Mit dieser Aufführung zum Thema „Starke Kinder" findet jede Gruppenleitung eine ganz besondere Möglichkeit, ihre positive Arbeit mit den Kindern darzustellen, z. B. vor Eltern, Großeltern, Verantwortlichen der Träger oder Vereine und der Öffentlichkeit.

Jedem einzelnen Kind wird bereits in der Vorbereitung auf diese Gestaltungsidee durch die Auseinandersetzung mit der Musik die Kernaussage des Liedes „Starke Kinder halten felsenfest zusammen" ganz besonders deutlich. Vordergründig zeigt das einzelne Kind dabei seine Stärke durch den Umgang mit einem Pappkarton, die emotionale und soziale Komponente des Liedes wird für jeden deutlich und darüber hinaus körperlich erfahrbar beim Eingliedern in „seine Starke-Kinder-Kette". Alles zusammen ist eine eindrucksvolle Botschaft an die Zuschauer.

Musik: CD-Nr. 5 „Starke Kinder"
Material: pro Kind 1 Karton (so groß, dass es mindestens sein Gesicht dahinter verstecken kann).
Vorbereitung: Die Kartons alle gut verschließen und bunt gestalten.

1. Kennenlernen des Liedes

- Alle Kinder setzen sich in einem Halbkreis auf den Boden, die Mädchen auf die eine und die Jungen auf die andere Seite.
- Jeweils 1. und 2. Strophe sowie 1. Refrain mit kurzen Pausen für evtl. Nachfragen oder Gespräche vorspielen.
- Zur 3. und 4. Strophe anregen, dass sich mehrere Mädchen bzw. Jungen an den Händen halten oder sich die Arme auf die Schultern legen.
- Zum letzten Refrain stehen alle auf und die ganze Gruppe diskutiert, wie sie sich alle „felsenfest" verbinden können.
- Alles wiederholen und Schritt für Schritt das Lied lernen.

2. Vorbereitung der Spielgestaltung

Nachdem die Kinder das Lied und die Kartonspiele zur Musik kennen gelernt haben, wird beides kombiniert und das Spiel „Starke Kinder" kann beginnen. Schritt für Schritt stellt die Gruppenleitung den Kindern die neuen Aufgaben vor.

Liedtext „Starke Kinder" (→ S. 50)	Bewegungsidee
Vorspiel (0:00–0:06)	
1. Strophe (0:07–0:25) Starke Mädchen haben nicht nur schöne Augen. Starke Mädchen haben Fantasie und Mut. Starke Mädchen wissen selbst, wozu sie taugen. Starke Mädchen kennen ihre Chancen gut.	*Jungen* – stehen verteilt im Raum und schauen immer bei dem Wort „Mädchen" hinter dem Karton hervor. *Mädchen* – gehen im Raum umher und stemmen dabei den Karton mehrmals hoch über den Kopf und nehmen ihn wieder zurück.
2. Strophe (0:26–0:46) Starke Jungs, die können nicht nur Muskeln zeigen. Starke Jungs, die zeigen Köpfchen und Gefühl. Starke Jungs woll'n ihre Meinung nicht verschweigen. Starke Jungs, die kommen lächelnd an ihr Ziel.	*Mädchen* – bleiben am Platz stehen, verstecken sich hinter dem Karton und schauen immer bei dem Wort „Jungs" hinter dem Karton hervor. *Jungen* – bewegen sich im Raum und stemmen die Kartons mehrmals über den Kopf und zurück. Die Kartons werden auf dem Boden abgestellt.

Liedtext „Starke Kinder" (→ S. 50)	Bewegungsidee
Refrain A (0:47–1:06) Starke Kinder halten felsenfest zusammen, Pech und Schwefel, die sind gar nichts gegen sie, ihre Rücken lassen sie sich nicht verbiegen, starke Kinder, die zwingt keiner in die Knie.	*Die Kinder bilden je nach Möglichkeiten Paare oder mehrere Starke-Kinder-Ketten und bewegen sich um die Kartons herum.*
Refrain B (1:07–1:25) Starke Kinder haben Kraft, um sich zu wehren, und sie seh'n dir frei und ehrlich ins Gesicht. Starke Kinder wollen nur die Wahrheit hören, und so leicht betrügt man starke Kinder nicht.	*Im zweiten Refrainteil können die Gruppen die Bewegungsrichtung ändern.*
Zwischenspiel (1:26–1:46)	*Jeder sucht seinen Karton wieder, hebt ihn hoch über den Kopf und geht in eine neue Aufstellung, z. B.:* – *die Mädchen nebeneinander auf die eine Seite, die Jungen gegenüber oder* – *alle stehen in zwei Reihen hintereinander oder* – *die Jungen bilden einen Innen- und die Mädchen einen Außenkreis*
3. Strophe (1:47–2:06) Starke Mädchen stehen fest auf ihren Beinen. Starke Mädchen wollen alles auspobier'n. Starke Mädchen sagen ehrlich, was sie meinen. Starke Mädchen können siegen und verlier'n.	*Mädchen – zeigen eine vorher gefundene Spielidee mit den Kartons, z. B. eine Mauer mit Lücken bauen (die bei einer Vorführung frontal zum Publikum steht).* *Jungen – begleiten die Aktion durch rhythmisches Trommeln oder Klopfen mit den Kartons.*
4. Strophe (2:07–2:26) Starke Jungs, die wollen alles selbst erleben. Starke Jungs, die können auch mal Zweiter sein. Starke Jungs sind stark genug, um nachzugeben. Starke Jungs, die fall'n auf Sprüche nicht herein.	*Mädchen – stehen mit Abstand links und rechts ihrer Mauer und begleiten die Aktion der Jungen rhythmisch (klatschen, patschen, stampfen …)* *Jungen – stapeln ihre Kartons zusätzlich auf die Mauer der Mädchen.*
Refrain A + B (2:27–3:06) Starke Kinder halten felsenfest zusammen …	*Siehe Refrains oben. Im zweiten Refrainteil verstecken sich alle hinter der Kartonmauer.*
Schluss (3:07–3:15)	*Am Ende stoßen alle gemeinsam von hinten die Mauer um.*

Vorbereitung einer „Starke Kinder"-Vorführung
Vorführfläche: Drinnen oder draußen; die Vorführfläche muss ausreichend groß sein für die Kinder mit ihren Kartons. Der Platz, an dem die Kartonmauer gebaut wird, sollte evtl. mit Klebeband markiert werden, damit alle Kinder am Ende gut versteckt sind.
Zuschauer: Platzierung von drei Seiten, so dass möglichst wenige hinter die Mauer sehen können.

Mitwirkende: beliebige Anzahl, abhängig von der Größe der Vorführfläche

Requisiten: farbig gestaltete Kartons

Kostüme: Die MitspielerInnen tragen Jeans und einfarbige Oberteile, evtl. farblich passend zum Pappkarton. Nehmen mehrere Gruppen einer Einrichtung teil, so empfiehlt es sich, den Gruppen jeweils eine Farbe zuzuordnen.

Alle Kinder stehen bunt durcheinander an ihren Plätzen, heben die Kartons hoch und verstecken ihre Gesichter dahinter.
Musik ab und dann viel Spaß, Erfolg und begeisterten Applaus!

Und das sagt Rolf dazu:

Warum immer wieder Vorführungen, Aufführungen? Auch hier gilt nach meiner Erfahrung vor allem: „Der Weg ist das Ziel." Natürlich macht es Spaß, den Eltern und Geschwistern zu zeigen, was man leisten kann. Damit motiviert sich das Team der Einrichtung und setzt positive Marken, über die man auch draußen spricht. Das Arbeitsfeld vor der Aufführung ist nicht öffentlich, lässt darum auch Fehler und Umwege zu, aus denen man lernen und durch die man stärker werden kann, die Kinder ebenso wie die Erwachsenen. Der Spaß in der Einstudierung unterliegt nicht dem Lampenfieber und ist darum oft pure Lebensfreude, die man sich einfach gönnen sollte. Jeder Mensch hat seine Stärken, aber auch Schwächen, die er vor einem Publikum nicht gerne bloßlegen möchte. In der Vorbereitungszeit einer Aufführung lernen sich alle Beteiligten besser kennen. Es wächst der Respekt voreinander und der Instinkt, sich gegenseitig zu helfen und zu beschützen. So gestärkt kann man getrost vor die Eltern oder sogar eine größere Öffentlichkeit treten. Das gesamte Team wird sich am Ende einer gelungenen Aufführung zunächst mit stillem Blickkontakt gegenseitig bestätigen und wenig später mit einer „After-Show-Party" zünftig feiern. Dabei hat einer (vielleicht ein Kind?) sicherlich schon die Idee für die nächste Aufführung. Auf geht's!

Starke Kinder träumen … von sich, ihrer Heimat und den Sternen

Meine Heimat ist ein kleiner blauer Stern

Nr. 6 – Musik und Text: Rolf Zuckowski
© MUSIK FÜR DICH Rolf Zuckowski OHG, Hamburg

Liegen, Hören, Träumen – ein Lied kennen lernen

Astronauten machten aus dem Weltall die ersten Fotos des Planeten Erde, der als Insel des Lebens durch das kalte Universum schwebt. So ein Foto inspirierte Rolf zu dem Lied „Meine Heimat ist ein kleiner blauer Stern", das insbesondere Schulkinder neugierig darauf macht, sich mit den Besonderheiten unserer Heimat einmal genauer auseinander zu setzen. Vieles gibt es zu entdecken in der Natur, der Tierwelt oder bei den vielen unterschiedlichen Kulturen und Lebensarten der Menschen.

Still schwebt unser kleiner blauer Planet durchs Weltall und genau dieses schwebende Gefühl spürt man, wenn man das Lied „Meine Heimat ist ein kleiner blauer Stern" hört oder spielt. Ein ruhiges Gefühl breitet sich aus und eine verträumte Stimmung kommt auf, wenn die Kinder dieses Lied auf eine etwas andere Art kennen lernen.

Musik: CD-Nr. 6 „Meine Heimat ist ein kleiner blauer Stern"

Material: 1 großer gelber Ballon bzw. Stoffkreis als Sonne, 1 Erdkugel (z. B. Wasserball mit Abbildung der Erde), 1 Schwungtuch als Weltall (optimal wäre es in Blau mit Sternen) oder blaue Stoffbahnen (pro Paar 1 Bahn ca. 4 m × 50 cm) oder entsprechende Streifen aus Malerabdeckfolie als Sternenbahnen

Erfahrungsfeld: ganzheitliche sinnliche Wahrnehmungsförderung und Entspannung, Ausdauer und Geduld, vorsichtiges und behutsames Handeln

Bewegungsaktivität: langsame Bewegungen, Halten, Tragen, Gehen, Schwingen

Vorbereitung: Ein kleines Weltall entsteht – das Schwungtuch wird ausgebreitet. Die Sonne wird so hoch wie möglich darüber gehängt. Kommen die Stoff- bzw. Folienstreifen zum Einsatz, für die Ideen 1–3 die fünf Streifen sternförmig übereinander legen. Je nach Anzahl der Kinder werden ein oder mehrere Streifensterne benötigt. Wenn möglich, wird der Raum abgedunkelt.

Kennenlernen des Liedes

Die Kinder legen sich mit dem Rücken auf das Schwungtuch bzw. je zwei auf einen Folienstreifen mit den Köpfen zur Mitte und dem Blick zur Sonne. Die Musik beginnt und die Gruppenleitung geht mit der Erdkugel, die sie in ihren Händen dreht, einmal ganz langsam um den Kinderstern herum.

Am Ende des Liedes setzen sich alle zusammen, schauen sich die Erdkugel aus der Nähe an und sprechen über den gehörten Text.

1. Bewegungsidee

Die Kinder setzen sich paarweise Rücken an Rücken auf das Schwungtuch bzw. die Stoffbahnen und hören das Lied zum zweiten Mal und singen, soweit sie können, mit. Die Paare schunkeln im Takt der Musik.

2. Bewegungsidee

Die Kinder liegen auf dem Rücken „im Weltall". Die Schultern der Kinder sollten auf der Kreisbahn möglichst nebeneinander liegen. Alle strecken ihre Arme hoch und lassen die Erdkugel zur Musik auf ihren Händen kreisen und von einem zum anderen im Kreis herumschweben.

3. Bewegungsidee (mit dem Schwungtuch)

Die Kinder stellen sich gut verteilt um das Schwungtuch. Die Weltkugel liegt auf dem Tuch. Alle heben gemeinsam das „Weltall" mit beiden Händen an und schwingen es zur Musik, so dass die Erde darauf schwebt oder sich dreht. Dabei passt jeder gut auf, dass der Erdenball nicht herunterfällt.

4. Bewegungsidee (mit Sternenbahnen)

Die Kinder stehen paarweise im Raum verteilt oder nebeneinander (je nach Raumgröße) und halten jeweils eine Sternenbahn mit beiden Händen an den Enden fest. Auf einer Bahn liegt die Weltkugel. Zur Musik schwingen sie die Bahnen langsam und ruhig auf und ab. Das Paar mit der Weltkugel geht behutsam zu einem anderen Paar, lässt die Kugel von der eigenen Sternenbahn auf die andere Sternenbahn schweben und bleibt dort stehen. Das Paar mit der Kugel geht jeweils zum nächsten weiter. Die Erdkugel schwebt entweder so lange von einem Paar zum anderen, wie die Musik spielt, oder die Musik spielt z. B. in einer größeren Gruppe so lange von vorn, bis alle Kinder die Weltkugel einmal auf ihrer Sternenbahn hatten.

Drehen, Kullern, Rollen wie der Erdball

Die nachfolgenden Spielideen lassen sich mit ganz unterschiedlichen Bällen durchführen. Dabei sammeln die Kinder Materialerfahrung und lernen den Zusammenhang zwischen dem Gewicht eines Balles und dem nötigen Kraftaufwand kennen, den man aufwenden muss, um Bälle gezielt in Bewegung zu bringen.

Musik: CD-Nr. 11 Instrumentalaufnahme „Du gehörst zu uns"

Material: Wasserbälle (oft als Reklamebälle erhältlich), Tischtennis-, Tennis-, Gymnastik-, Fuß-, Medizinbälle, Boccia-Kugeln und sonstige Bälle

Erfahrungsfeld: Materialeigenschaften sowie den Zusammenhang zwischen Gewicht und Kraftaufwand kennen lernen, Geschicklichkeit im Umgang mit Bällen

Bewegungsaktivität: Heben, Tragen, zielgerichtetes Kullern und Rollen der Bälle, Gehen, Laufen, Werfen, Fangen, allgemeine Geschicklichkeit, Auge-Hand-Koordination, Antizipationsfähigkeit, Einsatz von Muskelkraft und Ausdauer

Vorbereitung: verschiedene Bälle (pro Kind 1 Ball) im Raum bereitlegen

Geschicklichkeit am Ball

Nach einer kurzen freien Spielphase mit den Bällen beginnen die gezielten Aufgaben. Dabei dient die Musik in erster Linie als Ordnungsrahmen. Solange die Musik spielt, wird geübt, wenn die Musik stoppt, wird eine neue Aufgabe erklärt. In jeder Musikpause suchen sich die Kinder einen neuen Ball aus. Dabei sollte jede Aufgabe möglichst mit drei verschiedenen Bällen erprobt werden. Zur Musik probieren die Kinder die Bewegungsaufgaben aus.

- „Rollt den Ball mit beiden Händen durch den Raum."
- „Rollt den Ball erst mit der rechten Hand vorwärts und nach der Musikpause mit der linken Hand weiter."
- „Rollt den Ball an eine Wand. Wenn alle die Wand erreicht haben, ist Musikpause. Schafft ihr es, den Ball ein Stück an der Wand hinaufzurollen?"
- „Geht rückwärts und achtet darauf, dass der Ball mitrollt."
- „Versucht den Ball mit dem linken (rechten) Fuß durch den Raum zu rollen bzw. zu führen (nicht schießen!)."
- „Stellt euch in die Grätsche und rollt den Ball um eure Füße herum."
- „Stellt euch in die Grätsche und rollt den Ball vor den Füßen zwischen den beiden Händen hin und her."
- „Setzt euch in den Grätschsitz und rollt den Ball um euren Körper herum."
- „Legt euch auf den Bauch und streckt eure Arme weit nach vorn. Nun rollt den Ball zwischen den Händen hin und her. Dies erfordert natürlich mit dem Medizinball eine andere Geschicklichkeit und Kraft als mit dem Tischtennisball."
- „Legt euch auf den Rücken und versucht euren Ball unter dem Rücken hindurch von einer Körperseite auf die andere zu rollen (zu schieben)."
- „Hebt den Ball hoch über den Kopf und geht mit ihm (auch auf Zehenspitzen) durch den Raum."
- „Werft den Ball hoch und fangt ihn wieder auf."
- „Lasst den Ball auf den Boden prellen. Wenn er hochspringt, fangt ihn wieder."

Schwingende Sternenbahnen

Streifen von dünnen Malerabdeckplanen aus dem Baumarkt sind die kostengünstige Variante für die nachfolgenden Bewegungserfahrungen der Kinder. Haltbarer und strapazierfähiger sind Bahnen aus leichten Stoffen, z. B. Futterstoff, Kunstseide oder Fahnenstoff (franst beim Zuschneiden nicht aus). Als vorteilhaft und vielseitig einsetzbar hat sich die Farbe Blau erwiesen, da sie bei Vorführideen Luft, Himmel, Wasser und das Weltall symbolisieren kann.

Musik: CD-Nr. 17 Instrumentalaufnahme „Meine Heimat ist ein kleiner blauer Stern"
Material: pro Paar 1 Folien- oder Stoffbahn (ca. 4 m × 50 cm)
Erfahrungsfeld: Materialerfahrung mit Tüchern, Luftwiderstand spüren, als Gruppe agieren
Bewegungsaktivität: Heben, Tragen, Schwingen, Rutschen, Rollen, Gehen, Laufen, allgemeine Geschicklichkeit
Vorbereitung: Die Kinder bilden Paare und nehmen sich eine Folien- oder Stoffbahn.

Die Kinder halten die Bahnen jeweils mit beiden Händen an den Ecken fest. Zur Musik probieren sie eine der Bewegungsaufgaben aus. In den Musikpausen regt die Gruppenleitung immer neue Ideen an. Je nach Gruppensituation, Vorerfahrung und Kreativität in der Gruppe können die Kinder sich anfangs frei mit dem Material beschäftigen. Die Gruppenleitung nutzt die Möglichkeit, die Ideen der Kinder zu registrieren, um sie später von allen ausprobieren zu lassen.

Partnerschwung
- „Schwingt die Bahn langsam nach oben und spürt, wie schwer die Luft ist."
- „Schwingt die Bahn auf und ab und erzeugt Wind."
- „Dreht euch dabei im Kreis und erzeugt einen Wirbelwind."
- „Haltet die Bahn stramm zwischen euch und senkrecht. Könnt ihr so vorwärts gehen? Merkt ihr den Luftwiderstand?"
- „Hockt euch hin und legt die Bahn auf den Boden. Nun schickt durch kurzes Anheben (ca. 15 cm) und wieder Herunterziehen nacheinander Wellen von einer Seite zur anderen. Können die Größeren das auch im Takt der Musik?"
- „Schwingt die Bahn so hoch ihr könnt und geht ein Stück aufeinander zu, so dass eine Höhle entsteht, und wieder auseinander, bevor die Bahn euch berührt."
- „Ein Partner hält die Bahn senkrecht vor den Bauch und bleibt am Platz stehen, der zweite hält die Bahn gespannt und wickelt in großen Kreisen den Partner ein. Wenn nicht so viel Platz zur Verfügung steht, bleibt der eine Partner stehen und hält die Bahn senkrecht und der zweite wickelt sich selbst ein, indem er sich immer näher auf seinen Partner zu dreht."
- „Legt die Bahn lang auf den Boden und legt euch selbst mit dem Bauch quer auf das Ende der Bahn. Steckt euch das Ende in die Hose und rollt euch dann gleichzeitig seitwärts (Baumstammrollen) mit dem Tuch ein, bis ihr euren Partner erreicht habt. Dann kullert ihr beide wieder zurück."
- „Legt die Bahn lang auf den Boden, einer von euch legt sich mit dem Bauch quer auf ein Ende der Bahn und wird vom anderen eingerollt. Am anderen Ende angekommen, wickelt der eine den anderen wieder aus, indem er an der Bahn zieht.

Gruppenschwung
Jeweils zehn Kindern bewegen sich an fünf Bahnen.
- „Stellt euch mit den Bahnen dicht nebeneinander und schwingt sie auf und ab, so dass ein Windkanal entsteht."
- „Vier Paare schwingen ihre Bahnen gleichzeitig so hoch es geht. Das Paar, das am Ende steht, versucht mit seiner Bahn auf die andere Seite zu gehen, so lange die anderen oben schweben. Sie stellen sich hinten an und das Spiel beginnt von vorn. Wenn eine Gruppe das gut kann, versucht sie es im Takt der Musik: Zu den Teilen A der Musik machen alle nebeneinander kleine Wellen auf dem Boden und zu den Teilen B schwingen sie hoch und gehen nacheinander durch die Gasse."

- „Bildet mit euren Bahnen einen Stern."
- „Könnt ihr den Stern gemeinsam auf- und abschwingen?"
- „Haltet die Bahnen gespannt und geht mit dem Stern im Kreis herum. Wenn ihr dabei noch leichte Windwellen erzeugt, entsteht ein kleiner Wirbelwind."
- „Haltet die Bahnen senkrecht und geht im Uhrzeigersinn im Kreis herum. Das sieht aus wie eine Windhose. Funktioniert es auch anders herum?"
- „Stellt euch zum Stern auf und schwingt die Bahnen zur Musik auf und ab. Wenn die Musik stoppt, hebt ihr die Bahnen gemeinsam so hoch ihr könnt, geht einen Schritt in die Mitte, zieht eure Bahn hinter eurem Rücken bis zum Po herunter und setzt euch mit dem Blick zur Mitte auf die Bahn. Wenn ihr die Bahnen gut spannt, sitzt ihr nun wie in einem Iglu, könnt euch anschauen und beraten, welche der Ideen ihr als nächstes ausprobieren möchtet."

Großer Stern

Ein schwieriges Bild ist der Große Stern, doch mit ein bisschen Übung klappt er und sieht sehr schön aus:

1. Die Spielleitung nummeriert die Kinder durch (Nr. 2 und 4 sollten die größten Kinder sein, Nr. 1 und 3 die kleinsten), ihre Bahnenden liegen am Boden.
2. Nacheinander steigen die Kinder mit den geraden Zahlen mit ihrem Bahnende nach links über die Bahnen des Nebenmannes. Die 4 über die 2, die 6 über die 4 und die 2 usw., bis der Stern fertig ist. Nun liegen Bahn 1 bis 2 ganz unten, darüber die 3 bis 4, gefolgt von 5 bis 6, 7 bis 8 und 9 bis 10 ganz oben.
3. Der Stern dreht sich, bis Nr. 1 und 3 vorn vor der Gruppenleitung stehen. Jetzt kann der Stern aufgerichtet werden.
4. Nr. 1 und 3 hocken sich mit dem Blick nach vorn hin und ziehen ihre Bahnenden vor dem Körper bis zum Boden. Nr. 10 und 5 gehen in den Hockstand (ein Bein kniet, das andere ist abgewinkelt aufgestellt) und halten die Bahnen vor dem Körper ge-

spannt. Nr. 7 und 8 sind im Kniestand und halten die Bahn senkrecht vor oder über dem Gesicht. (Die Höhe richtet sich nach der Größe der Kinder.) Nr. 6 und 9 stehen und halten die Bahn, so hoch es geht. Nr. 2 und 4 halten ihre Bahn mit ausgestreckten Armen vor sich hoch.

5. Damit die Kinder einmal sehen, wie der Stern aussieht, wenn er „steht", übernimmt die Gruppenleitung oder ein weiteres Kind nacheinander einmal jede Rolle und der eigentliche Träger tritt nach vorn und schaut sich das Bild an.

Wird der Stern in einer Vorführung gezeigt, muss geübt werden, dass Nr. 1 und 3 im rechten Moment an der richtigen Stelle (vorn) stehen. Zum Musik-Stopp übt die Gruppe mit ihrem Stern im Kreis herumzugehen, wenn die Musik stoppt (oder endet) gehen alle weiter bis Nr. 1 und 3 vorn sind. Dann richtet sich der Große Stern auf.

Meine Heimat ist ein kleiner blauer Stern
Eine Vorführidee für größere Kinder

Für diese Vorführung müssen die Kinder das Lied gut kennen. Es sollten möglichst alle mitsingen. Gemeinsam können sie sich an der Vorbereitung der Requisiten beteiligen. Ist das Lied auch kurz und die Bewegungen langsam, so müssen sich doch alle den Ablauf und ihre Einsätze gut merken können. Bei der Rollenverteilung kann man die Leistungsfähigkeit der Kinder berücksichtigen. Mit einigen vorbereitenden Übungen und ein paar Proben wird es erfolgreich gelingen.

Musik: CD-Nr. 6 „Meine Heimat ist ein kleiner blauer Stern"

Mitwirkende: insgesamt: 20–26 Kinder oder mehr: 10 Kinder als blauer Stern, 2 mit der Weltkugel, 2 mit der Sonne, 2 als Bäume, 2 als Nebel, 2–6 mit Vögeln. Die Erde und die Sonne sollten jeweils nur einmal im Gesamtbild vorhanden sein. Die Anzahl der übrigen Mitwirkenden lässt sich beliebig erweitern, dabei zuerst einen weiteren Stern besetzen und dann die anderen zuordnen.

Material: 5 blaue Stoff- oder Folienbahnen (ca. 4 m × 50 cm) als Stern, 1 große Sonne aus Pappe oder 1 gelber Riesenballon, 1 Erdball (Ø 1 m, großer Wasserball mit Erdaufdruck oder blauer Sitzball mit aufgeklebten oder gemalten Kontinenten), Folienstreifen für die Nebelkinder, Flugvögel am Band (→ S. 69)

Kostüme

✦ Die Erdballträger und die Sternenkinder tragen blaue Kleidung.
✦ Die Sonnenkinder tragen gelbe Oberteile zu weißen oder dunklen Hosen.
✦ Die Nebelkinder sind weiß gekleidet und tragen durchsichtige Abdeckfolien (ca. 1–2 m).
✦ Die Kinder mit den Vögeln sind passend zu ihrem Vogel gekleidet.
✦ Die Baumkinder tragen grüne, braune oder schwarze Kleidung unter dem Tannenbaumkostüm (s. unten).

Flugvögel am Band

Material: kleine Plastiktüten (z. B. aus der Obstabteilung), bunte Geschenkpapierreste oder Illustriertenpapier, Tonpapier, Seidenpapier, Geschenkband, Nylonschnur, Schere, Gewebeklebeband, 1 dicker Folienstift

- Für den Vogelkörper eine Plastiktüte mit dem zusammengeknüllten, bunten Geschenk- oder Illustriertenpapier locker füllen und mit Geschenkband zubinden.
- Aus Fotokarton einen Schnabel ausschneiden und mit dem Klebeband vorn aufkleben.
- Aus dem Seidenpapier ein Fantasie-Flügelpaar ausschneiden und mit dem Klebeband links und rechts befestigen.
- Am zugebundenen Ende bunte Geschenkbänder als Schwanz anknoten.
- Ein Nylonband (die Länge des Bandes richtet sich nach der Größe der Kinder, die Vögel sollten bei ausgestreckten Armen ungefähr in Kniehöhe schweben) mit zwei Schlaufen versehen, wovon die eine mit dem Klebeband am Vogel befestigt wird (die richtige Stelle testen, da es bei jeder Vogelkreation ein wenig anders ist) und das andere Ende in der Hand gehalten wird.
- Beim Testflug sollte es möglich sein, die Vögel mit dem langen Arm vor dem Körper hin- und herfliegen zu lassen, sich mit ihnen im Kreis zu drehen oder sie am Band herumzuschleudern.

Tannenbaumkostüm

Material pro Baumkrone: 2 Schaumstoffplatten (ca. 40 × 40 cm groß und 1,5 cm stark), Kleber für Schaumstoff, 3 cm Klettband, grüne Farbe, mehrere Meter grünes Band, grüne Stoffreste oder Kreppapierbänder je nach Größe der Kinder, Heftklammern, 1 Gymnastikreifen

Die Baumspitze: Die Schaumstoffplatten übereinander legen, eine Tannenbaumspitze aufmalen und ausschneiden. Bis auf die Unterkante die Teile am Rand ca. 1,5 cm mit Klebstoff einstreichen und aufeinander kleben. Aus dem Vorderteil einen Schlitz und ein Oval für das Gesicht ausschneiden und den Klettverschluss aufkleben. Abschließend den Hut grün anmalen oder besprühen.

Das Baumkleid: An ein breites grünes Band, das um den Hals gebunden werden kann, je nach Bandbreite 12–20 Bänder doppelt anheften (wenn es öfter benutzt werden soll, besser annähen). Die Länge der Bänder ergibt sich aus der Größe des Kindes, die Bänder sollten bis übers Knie reichen. Das Kind stellt sich in den Reifen und bekommt die Bänder um den Hals gebunden. Die Bandenden am Reifen mit einem einfachen Knoten so befestigen, dass der Reifen in Kniehöhe gerade hängt.

Vorbereitung

Unter dem blauen Stern verstecken sich Erdball, Bäume, Nebel und Vögel. Die Sonne geht am oberen Ende in gutem Abstand mit. Ist der Erdball zu groß, tritt der Stern mit der Sonne von der einen Seite auf und der Erdball erst mit dem Einsetzen des Textes von der anderen Seite.

Liedtext „Meine Heimat…" (→ S. 62)	Bewegungsidee
Vorspiel (0:00–0:25)	*Mit dem ersten Vogelgezwitscher gehen die Mitwirkenden auf die Vorführfläche.*
Refrain (0:26–0:53) Meine Heimat ist ein kleiner, blauer Stern, all die andern scheinen unerreichbar fern. Meine Heimat ist ein winziger Planet, und ich frag' mich, wie es mit ihm weitergeht.	*Die Bahnen in Brusthöhe stramm ziehen, so dass die anderen darunter gebückt mitgehen können.* *Der Erdball erscheint hoch oben gehalten und wird mit dem Nordpol oben und dem Südpol unten langsam gedreht. Dabei bewegt sich der Ball während des gesamten Liedes im hinteren Bereich in einigem Abstand von der linken Seite der Sonne auf die rechte.*
1. Strophe (0:54–1:26) Seine Berge woll'n den Himmel fast berühr'n, seine Täler woll'n das Licht zum tiefsten Grund entführ'n. Seine Vögel steigen auf im Sommerwind, wenn sie spüren, dass ein neuer Tag beginnt.	*Alle heben den Stern mit Schwung hoch, die Bäume stehen in der Mitte unter den Bahnen und bilden mit hoch ausgestreckten Armen die Bergspitze. Die anderen gehen in die Hocke. Die Bahnenden werden bis zum Boden heruntergezogen.* *Die Kinder mit den Bahnen gehen so weit es geht in der Mitte zusammen.* *Die Kinder mit den Vögeln laufen heraus und verteilen sich links und rechts auf der Vorführfläche. Dabei lassen sie die Vögel in unterschiedlichen Formationen fliegen.*
Refrain (1:27–1:53) Meine Heimat ist ein kleiner, blauer Stern, all die andern scheinen unerreichbar fern. Meine Heimat ist ein winziger Planet, und ich frag' mich, wie es mit ihm weitergeht.	*Die „Vögel" fliegen weiter und tauschen evtl. die Seiten. Gleichzeitig treten die Bäume und Nebelkinder heraus. Je ein Baum stellt sich links und rechts mit Abstand neben die Bahnen. Der Nebel schleicht umher.* *Die Kinder lösen ihren Stern auf und hocken sich alle quer zum Publikum dicht nebeneinander. Die Bahnen liegen auf dem Boden.*
2. Strophe (1:54–2:27) Seine Meere leuchten hell im Sonnenschein, seine Wälder fangen still den Morgennebel ein. Seine Kinder glauben felsenfest daran, dass soeben ihre Zukunft erst begann.	*Die Kinder machen Wellenbewegungen mit den Bahnen.* *Die Nebelkinder schweben um die Bäume herum und lassen sich von ihnen festhalten.* *Die Kinder heben die Bänder gemeinsam hoch und jeweils das hintere Paar taucht/geht durch die Gasse nach vorn.*

Liedtext „Meine Heimat…" (→ S. 62)	Bewegungsidee
Refrain (2:28–2:54) Meine Heimat ist ein kleiner, blauer Stern, all die andern scheinen unerreichbar fern. Meine Heimat ist ein winziger Planet, der sich schwerelos um seine Sonne dreht.	*Die Kinder gehen aus der Gasse wieder zum Stern.* *Die Nebelschwaden werden von den Bäumen, die am Platz stehen bleiben, an den Händen im Kreis herumgeführt.* *Der Erdball dreht sich an der rechten Seite weiter, auch wenn die Musik geendet hat.*
Schluss (2:55 – 3:30) … Summen …	*Der Stern richtet sich auf.*

Möge sich unsere Erde immer weiter sicher auf ihrer Bahn im Weltall um sich selber drehen …

Und das sagt Rolf dazu:

Die sternenklaren Nächte des Sommers sind für kleine und große Leute eine Chance, sich als „Kind der Sterne" zu fühlen. Gestatten wir unseren Kindern doch wenigstens einmal im Jahr, sei es im Urlaub oder nach einem langen Sommerfest, den Blick hinauf zu den Sternbildern und der Milchstraße. Wer sich dafür auf eine Wiese legen kann, fernab vom Streulicht der Stadt, wird von ganz allein leise und andächtig. Kaum zu glauben, dass da oben eine Raumstation mit Astronauten um die Erde kreist. Wenn man es aber einmal wahrgenommen hat, wird man leicht nachvollziehen, dass für diese Astronauten unser einmaliger, blauer Planet die Heimat ist, zu der sie gerne heil und sicher in die Arme ihrer Familien zurückkehren wollen. Wem die Chance mit dem Liegen auf der Wiese fernab der Stadt nicht gegeben ist, der sollte sich auf den Weg in eines der Planetarien machen, wo man dieser elementaren Naturerfahrung gut nachspüren kann. Sie alle haben kindgerechte Programme auf dem Plan, sei es in Hamburg, München, Berlin, Mannheim, Jena oder anderswo. Dazu gehört auch einer meiner eigenen Lieblingsstoffe: „Der kleine Tag", der die ganze Familie in das Lichtreich hinter den Sternen und zu einem Besuch auf den blauen Planeten Erde einlädt.

Das Wetter

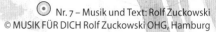

Nr. 7 – Musik und Text: Rolf Zuckowski
© MUSIK FÜR DICH Rolf Zuckowski OHG, Hamburg

Verse *geheimnisvoll*

1. Ne - bel - schwa - den, Ne - bel - schwa - den, krie - chen durch den Fen - ster - la - den.
2. Re - gen - trop - fen, Re - gen - trop - fen, die an un - ser Fen - ster klop - fen,
3. Schnee - ge - stö - ber, Schnee - ge - stö - ber, ein - mal fein und ein - mal grö - ber,

selbstbewusst

(1.) Krie - chen in den Blu - men - topf, a - ber nicht in mei - nen Kopf.
(2.) rie - seln auf den Re - gen - schirm, a - ber nicht in mein Ge - hirn.
(3.) macht die Er - de weiß und still, a - ber ich sing, wann ich will.

Das

Refrain *rhythmisch*

Wet - ter, das Wet - ter spielt wie - der mal ver - rückt. Man

könn - te ver - zwei - feln, wenn man hin - auf zum Him - mel blickt. Wir

hät - ten so ger - ne ein biss - chen Son - nen - schein. Wie

kann man nur so lau - nisch wie das Wet - ter sein.

*Fine 2 x D.C.
2. x D.C. al Fine*

Das Wetter

Die Launen des Wetters, die Rolf in diesem Lied besingt, kehren in unserer Heimat in unregelmäßigen Abständen immer wieder. Da scheint es doch nur schlau zu sein, sich mit den unterschiedlichen Wetterlagen auseinander zu setzen und ihnen, wenn es einmal wieder allzu schlimm wird, mit einem fröhlichen Tänzchen zu begegnen.

Da der Refrain dieses Liedes sehr schnell ist, werden die Kinder zuerst die Strophen leicht mitsingen können. Das Arrangement des Refrains ist so rhythmisch und begeisternd, dass es fast jeden vom Stuhl reißt und zum wilden Hüpfen und Tanzen verführt.

Musik: CD-Nr. 7 „Das Wetter"
Erfahrungsfeld: Erörterung des Themas Wetter, Körperkontakt
Bewegungsaktivität: Berühren, Festhalten, auf der Kreisbahn gehen und hüpfen

Die Allerkleinsten beginnen im Stuhlkreis

Die Gruppenleitung führt das Lied (eventuell an einem nebligen Tag) neu ein, unterbricht die jeweiligen Abschnitte durch Musik-Pausen und erläutert jeweils den Text, den die Kinder auf der CD gleich singen werden. Die Bewegungsvorschläge werden besprochen und dann beim Beginn der Musik sofort umgesetzt.

1. Strophe:	*Die Hände der Kinder schweben wie Nebelschwaden herum, sie schweben unter den Stuhl und die Arme bilden einen Blumentopf. Am Ende tippen sich alle mit dem Finger an den Kopf.*
Musik-Pause:	*Der Refraintext wird erklärt.*
Refrain:	*Alle springen auf und hüpfen und tanzen im Stuhlkreis umher, bis die Musik stoppt.*
Musik-Pause:	*Alle setzen sich wieder auf den Stuhl und hören zu, was für ein Wetter in der folgenden Strophe besungen wird.*
2. Strophe:	*Alle klopfen auf den Stuhl, lassen alle zehn Finger als Regentropfen von oben nach unten „rieseln", spannen pantomimisch einen Regenschirm auf und tippen sich mit den Fingern an die Schläfe.*
Refrain:	*Alle hüpfen und tanzen ohne Pause wie vorher.*
Musik-Pause:	*Die Gruppenleitung erklärt den kommenden Text und bespricht die Bewegungen.*
3. Strophe:	*Die Schneeflocken schweben mit den Fingern von oben auf den Boden, eine große Schneekugel wird pantomimisch zur Mitte gerollt und alle legen sich still mit dem Bauch auf den Boden.*
Refrain:	*Zum Refrain springen alle auf und hüpfen und tanzen wild und verrückt wie das Wetter durcheinander.*

Die Größeren erleben das Lied als Gruppenspiel

Bei der nachfolgenden Bewegungsidee ist es ratsam, das Lied anfangs selbst zu den Bewegungen zu singen, da man dann das Tempo der Gruppe anpassen kann. Erst wenn der Ablauf der Bewegungen allen klar ist, kann die Musik dazu gespielt werden.

Die Kinder bilden Gruppen mit vier bis acht Personen. Diese fassen sich an und stellen sich nebeneinander auf. Ein Kind übernimmt die Führung.

Liedtext „Das Wetter" (→ S. 72)	Bewegungsidee
Vorspiel (0:00–0:15)	Das führende Kind zieht bei den ersten Tönen die Gruppe so weit auseinander, dass zwischen den Kindern „Fenster" entstehen ohne die Hände zu lösen.
1. Strophe (0:16–0:34) Nebelschwaden, Nebelschwaden kriechen durch den Fensterladen.	Das erste Kind zieht die Kinder in Schlangenlinien durch die „Fenster" und bildet am Ende einen Kreis, den Blumentopf. Wenn noch Zeit ist, gehen alle in die Hocke.
Kriechen in den Blumentopf, aber nicht in meinen Kopf.	Alle tippen sich mit den Händen an den Kopf und fassen sich sofort wieder an.
Refrain (0:35–0:59) Das Wetter, das Wetter spielt wieder mal verrückt. Man könnte verzweifeln, wenn man hinauf zum Himmel blickt.	Alle hüpfen im Kreis herum.
Wir hätten so gerne ein bisschen Sonnenschein. Wie kann man nur so launisch wie das Wetter sein.	Alle wechseln die Richtung und hüpfen im Kreis weiter.
2. Strophe (1:00–1:18) Regentropfen, Regentropfen, die an unser Fenster klopfen,	Alle stellen sich auf der Kreisbahn dicht zusammen und schauen in eine Richtung. Jedes Kind klopft mit den Fingern auf den Rücken seines Vordermannes oder seiner Vorderfrau.
rieseln auf den Regenschirm, aber nicht in mein Gehirn.	Alle drehen sich zur Mitte, strecken ihre Arme hoch nach vorn, so dass es wie ein Schirm aussieht, und tippen sich am Ende mit den Händen an die Schläfe.
Refrain (1:19–1:43)	Alle fassen sich an und hüpfen in den Kreis hinein und wieder heraus.
3. Strophe (1:44–2:05) Schneegestöber, Schneegestöber, einmal fein und einmal gröber,	Alle schieben mit den Händen pantomimisch Schnee in die Mitte des Kreises und landen bei „gröber" auf dem Bauch – Kopf zur Mitte.
macht die Erde weiß und still, aber ich sing, wann ich will.	Alle machen eine Baumstammrolle (in einer Richtung).
Refrain (2:06–2:29)	Alle springen auf, haken sich bei einem Partner ein und hüpfen mit ihm umher oder versuchen etwas noch Schwierigeres: Alle legen sich die Arme auf die Schultern und hüpfen im Kreis herum.

Vielleicht fallen Ihnen oder den Kindern zu diesem Lied auch noch weitere Strophen zu anderen Wetterlagen ein, z. B. zum Gewitter, dem Hagelsturm oder dem Regenbogen im Sonnenschein.

Starke Kinder bewegen ...
sich und andere immer wieder neu

Wie vielfältig die Möglichkeiten sind, den Text und die Geschichte eines Liedes gemeinsam mit Kindern lebendig werden zu lassen, zeigen die nachfolgenden Beiträge. Dabei entstand ein bunter Ideenkatalog aus Bewegungs-, Spiel-, Bastel-, Bau- und Gestaltungsanregungen, die vielleicht auf den ersten Blick sehr aufwendig erscheinen. Schon eine einzelne Umsetzung wird den Kindern Spaß machen und, wer weiß, vielleicht können wir Sie anregen, aus zwei, drei Einzelaktionen einen besonderen kleinen Tag für die Kinder zu organisieren, oder Ihnen Mut machen zur Durchführung eines erlebnisreichen und bewegungsaktiven Familienspielfestes.

Ich bin sauer

Nr. 8 – Musik und Text: Rolf Zuckowski
© MUSIK FÜR DICH Rolf Zuckowski OHG, Hamburg

(1.) Ich bin ein klei - ner Was - ser - trop - fen, aus dem Fels ge - bor'n.
(2.) sagt, dass so ein Was - ser - trop - fen viel er - le - ben kann,
(3.) wird aus ei - nem Was - ser - trop - fen, der die Stadt er - reicht?
(4.) man - cher klei - ne Was - ser - trop - fen treibt hin - aus aufs Meer.
(5.) hab's als klei - ner Was - ser - trop - fen ziem - lich weit ge - bracht;

(1.) Die Quel - le hab ich lei - der aus den Au - gen längst ver -
(2.) und auch für mich fing al - les wie ein A - ben - teu - er
(3.) Er treibt in ei - nem Fluss da - hin und hat's be - stimmt nicht
(4.) So wär's auch mir er - gan - gen, wenn ich nicht ver - duns - tet
(5.) doch seht mich an und sagt mir, was habt ihr aus mir ge -

(1.) lor'n.   Ich weiß noch, dass ich vie - le Jah - re
(2.) an.   Ein klei - nes Bäch - lein zeig - te mir den
(3.) leicht.   In je - der Bie - gung lau - ert ei - ne
(4.) wär'.   Ich hab mich mit Mil - lio - nen Trop - fen
(5.) macht?   Da vorn kommt ein Ge - bir - ge und ein

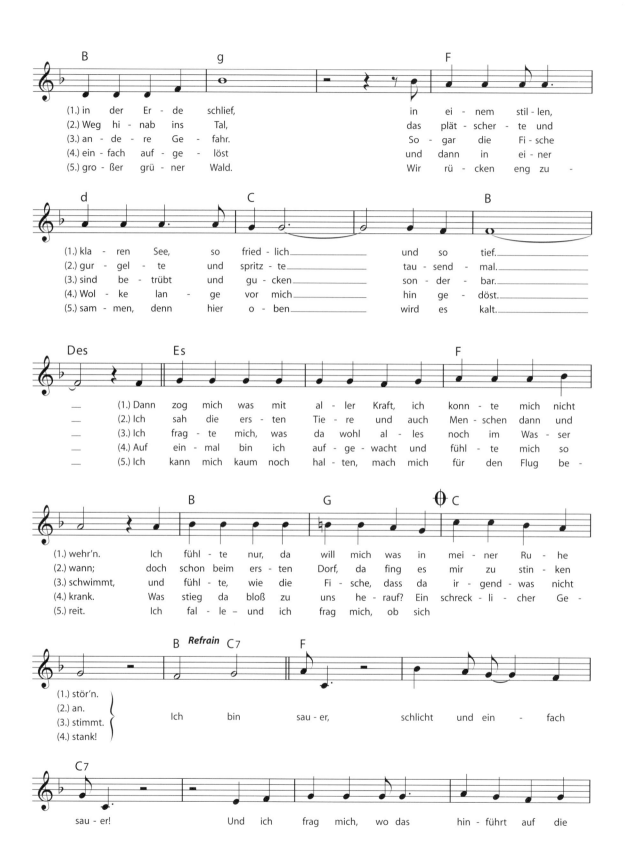

Die Geschichte eines kleinen Wassertropfens

In diesem Lied geht es um kleine und große Gefühle, um Ärger und Wut, um Angst und Hoffnung. Es ist die Geschichte eines kleinen Wassertropfens, der sich auf eine große Reise begibt und erzählt, was er von der Quelle bis zum Meer alles erlebt und wo ihn der Kreislauf der Natur hinführt – vielleicht. Dies ist eine wunderbare Art und Weise, schon die Allerkleinsten mit einem so wichtigen Thema wie dem Naturschutz vertraut zu machen und Verständnis für den Schutz eines der wichtigsten Elemente unserer Erde zu wecken – dem Wasser.
Über sechs Minuten dauert die Reise des kleinen Wassertropfens in Rolf Zuckowskis Lied. Da ist es für die jüngeren Kinder am Anfang manchmal schwierig, bis zum Ende geduldig zuzuhören. Leichter gelingt es ihnen, wenn sie bereits beim ersten Kennenlernen des Liedes gemeinsam mit dem Wassertropfen „reisen" und ihn zwischen seinen Abenteuern emotional unterstützen. Der Refrain bietet sich hierfür besonders an.

Musik: CD-Nr. 8 „Ich bin sauer"

Alle sitzen und hören sich den Anfang der Geschichte an …
Musik-Pause (nach 48 Sekunden) vor dem 1. Refrain und kurzes Gespräch über das Gehörte …
Die Musik spielt weiter bis ans Ende der 2. Strophe (nach 2:00 Min.). Der Vorschlag, den Refrain zu begleiten, wird wie folgt umgesetzt:

Liedtext (Refrain) „Ich bin sauer" (→ S. 76)	Bewegungsidee
Ich bin sauer, schlicht und einfach sauer!	*Alle trampeln sechsmal auf den Boden. Dreimal zu den Wörtern* ich, bin *und* sauer *und dreimal zu den Wörtern* schlicht, einfach *und* sauer.
Und ich frag mich, wo das hinführt auf die Dauer?	*Alle ziehen die Schultern fragend hoch.*
Ich bin sauer, schlicht und einfach sauer!	*Alle trampeln sechsmal auf den Boden.*
Wohin wird die Reise geh'n?	*Alle ziehen die Schultern fragend hoch.*
Wird es schrecklich oder schön? Werd' ich meinen stillen See vielleicht noch einmal wieder seh'n?	*Alle verstecken kurz das Gesicht in den Händen, heben die Hand hoch über den Kopf und schauen danach hoffnungsvoll nach oben.*

Die Musik spielt weiter bis ans Ende, bei Bedarf werden jeweils nach den Strophen (nach 3:10 Min. und nach 4:23 Min.) weitere kurze Gesprächsstopps für Erläuterungen eingelegt.

Die Kinder können den Text des Refrains meistens sehr schnell mitsingen und den Ärger des kleinen Wassertropfens durch die Gesten und das Trampeln selbst nachempfinden.

Die Doppeldeutigkeit des Wortes „sauer" in diesem Zusammenhang wird manchem vielleicht nicht auf Anhieb bewusst. Die sprachliche Raffinesse, mit einem einzigen Begriff sowohl die Umweltverschmutzung „saurer Regen" als auch tiefe Emotionen zu beschreiben, bietet interessanten Lernstoff zur Vertiefung mit älteren Kindern.

Und das sagt Rolf dazu:

Haben die Kinder im Lied „Meine Heimat ist ein kleiner blauer Stern" einmal verstanden, dass auch sie ein „Kind der Sterne" sind, wird es ihnen leicht fallen, sich mit den Elementen zu beschäftigen, ohne die unser blauer Planet nur ein öder großer Stein im Weltall wäre. Das Element Wasser, dem wir alles Leben auf der Erde verdanken, lieben alle Kinder. Warum also nicht einmal selbst ein Wassertropfen sein (zumal unser Körper ganz überwiegend aus Wasser besteht)? Die Dinge aus diesem Blickwinkel zu sehen überrascht zunächst. Wie lange schläft so ein Wassertropfen tief unter der Erde? Sind es Hunderte oder gar Tausende von Jahren? Wie hoch trägt ihn der Wind in die Luft hinauf? Sind es Hunderte oder Tausende von Metern? Mögen diese Zahlen für die Kleinen auch ohne größere Bedeutung sein, sie werden zumindest ein wenig Ehrfurcht vor einer so alten und weit gereisten Persönlichkeit namens „Wassertropfen" empfinden. Die Wahrnehmung, vor allem aber das selber Spielen der Erlebnisse und Abenteuer dieses Tropfens werden die Kinder nie vergessen. Ihr Verhältnis zum Element Wasser wird für immer neu geprägt und zu einem Grundstein ihrer Mitverantwortung als starke Kinder für unsere Umwelt, auf den viele weitere folgen müssen.

Kleine Wassertropfen-Abenteuer

Das Lied „Ich bin sauer" regt zu sehr unterschiedlichen Aktivitäten an, die die Kinder auf altersgemäße und kindgerechte Art mit einem großen wissenschaftlichen Thema vertraut machen – dem Wasserkreislauf auf unserer Erde. Dabei werden Neugierde und Experimentierfreude geweckt, Entdeckungen gemacht und neue Erkenntnisse gesammelt. Die Kinder lernen ganzheitlich mit all ihren Sinnen.

Ein vorwitziger kleiner Wassertropfen treibt die Gruppe mit seinen neugierigen Fragen und motivierenden Spielideen voran:

„Darf ich mich vorstellen, ich bin ein kleiner Wassertropfen und wer Lust hat, kann mich nachbauen!"

Wassertropfen zum Spielen
Material: 1 blauer Luftballon pro Kind, 1 Trichter mit großer Öffnung (wie für Babyflaschen), Folienstift; für den kleinen Wassertropfen: ca. 2 Esslöffel Schmierseife; für den großen Wassertropfen: Vogelsand

Kleiner Wassertropfen: Die Schmierseife unter Beobachtung ca. 20 Sekunden (bei 800 Watt) in die Mikrowelle bzw. in den aufgewärmten Backofen (bei 200 °C ca. 3–8 Min. je nach Menge und backofengeeignetem Gefäß) stellen, damit sie etwas flüssiger wird. Die Luftballonöffnung über den Trichter ziehen und die Schmierseife einfüllen. Den Ballon besonders am oberen Ende gut abspülen, ohne dass Wasser hineinläuft. Anschließend den Ballon mit einem Küchentuch abtrocknen, eine Weile warten, bis er ganz trocken ist, und zuknoten. Mit dem Folienstift vorn ein lustiges Gesicht aufmalen und hinten den Namen des Kindes. Der Wassertropfen ist angenehm weich und lässt sich verformen. Wenn ihn kein gravierendes Unglück ereilt, kann man viele, viele Tage Spielvergnügen mit ihm erleben.

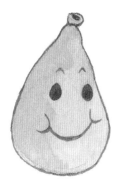

Großer Wassertropfen: Den Luftballon mit Hilfe des Trichters mit dem Vogelsand füllen, so dass man ihn anschließend bis ca. 15 cm Durchmesser aufpusten kann. Anschließend zuknoten, Augen und Mund aufmalen und den Namen der Kinder auf die Rückseite schreiben. Dieser Tropfen hat die bessere Tropfenform, kann super schwimmen und hält etwa acht bis zehn Tage, wenn er nicht vorher unglücklich zerplatzt.

Wenn die Wassertropfen gebastelt sind, spielen die Kinder zuerst nach eigener Fantasie, etwa Begegnungen mit anderen Wassertropfen, „… hallo ich bin …, ich komme aus …, ich kann schon …"
Schon bald beginnt der Wassertropfen, Fragen zu stellen und Wünsche zu äußern:

„Könnt ihr mir euren Raum, den Garten, den Spielplatz, … zeigen?"
- Alle tragen ihren Tropfen vorsichtig von einem Platz zum nächsten, mit der linken oder rechten Hand, abwechselnd auf dem linken und rechten Fuß, auf dem Kopf und mit allen möglichen Körperteilen …

„Habt ihr einen Platz, an dem ich schwimmen kann?"
- Alle tragen ihre Wassertropfen zum Wasser, z. B. Schüssel, Eimer, Waschbecken, Badewanne, Planschbecken, Wasserbahn, Wasserpfütze. Achtung! An Plätzen im Freien, z. B. Teich, See, Bach, Fluss, Meer, die Sicherheit bedenken und aufpassen, dass die unnatürlichen Wassertropfen nicht davonschwimmen.

„Habt ihr euch schon einmal einen einzigen echten Wassertropfen genau angesehen?"
- Wie sieht er aus?
- Wo kann man ihn finden?
- Unterscheidet sich ein Regentropfen von einem Tropfen aus dem Wasserhahn oder der Gießkanne?

„Gibt es in eurer Nähe Plätze, an denen man viele Wassertropfen gleichzeitig auf ihrer Reise beobachten kann?"
- „Gibt es in eurer Nähe vielleicht eine Quelle, einen Bach oder Fluss, einen Teich, einen See oder das Meer? Wer in der Nähe eines Baches oder Flusses lebt, kann sich seinen Verlauf einmal genau anschauen. Was sehen die Wassertropfen in diesem Abschnitt ihrer Reise? Fische, Wiesen, Häuser, Schmutz …?"
- „Fangt euch einen einzigen Wassertropfen auf einem Blatt ein und beobachtet, wie er darauf rutscht oder kullert. Setzt ihn mit dem Blatt aufs Wasser und schaut zu, wohin seine Reise geht."
- „Habt ihr schon einmal genau ins Waschbecken, die Toilette, die Badewanne geschaut und darüber nachgedacht, wo wir Wassertropfen bleiben, wenn ihr sie nicht mehr sehen könnt? Besucht doch einmal einen Wasserturm, ein Wasserwerk oder ein Klärwerk."

„Ist schon einmal Wassermusik an eure Ohren gedrungen?"

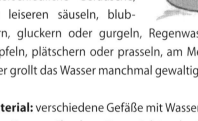

Wassertropfen machen ganz unterschiedliche Geräusche, die leiseren säuseln, blubbern, gluckern oder gurgeln, Regenwassertropfen tröpfeln, plätschern oder prasseln, am Meer rauscht oder grollt das Wasser manchmal gewaltig laut.

Material: verschiedene Gefäße mit Wasser, z. B. Becher, Kannen, Flaschen, Eimer, Schüsseln, Gießkannen usw., Strohhalme, Schwämme etc., evtl. 1 Aufnahmegerät

Die Kinder experimentieren mit den Materialien und lauschen bewusst auf die unterschiedlichen Geräusche, die sich ergeben, wenn man z. B.
- ins Wasser pustet,
- mit einem Strohhalm hinein blubbert,
- Wasser aus verschiedenen Höhen von einem Gefäß ins andere umfüllt,
- das Wasser mit Fingern und Händen bewegt usw.

Tipp: Nimmt man verschiedene Wassergeräusche mit Hilfe eines Mikrofons auf, entsteht eine von den Kindern selbst „komponierte kleine Wassermusik".

**„Jetzt lade ich euch zu einer
(fast) trockenen Wassertropfenmassage ein!"**

Diese besondere Wohlfühlaktion lässt sich im Sommer draußen auf warmem Sand oder weichem Gras ganz besonders genießen, kann aber auch in einem warmen Raum auf einem weichen Untergrund, z. B. einer Matte und mit entsprechend vorsichtigen Bewegungen zu einer besonderen „Streicheleinheit" werden.

Musik: CD-Nr. 16 Instrumentalaufnahme „Ich bin sauer"
Material: 1 dünne Malerabdeckfolie (ca. 4 × 4 m, in kleinen Gruppen die Folie halbieren), warmes Wasser, blaue und grüne Lebensmittelfarbe, evtl. 1 Iso-Matte, Wischlappen bereithalten
Kleidung: Da nicht auszuschließen ist, dass es sich um eine feuchte Spielaktion handelt, sollten die Kinder Badezeug und ein Handtuch mitbringen.

Alle Kinder verteilen sich gleichmäßig an der Malerabdeckfolie, nehmen sie in die Hand und lassen sie einige Male vorsichtig auf- und abschweben. Hierbei spüren sie deutlich, dass auch Luft ein Gewicht hat bzw. Widerstand erzeugt. (Macht auch Spaß, wenn Konfetti, kleine Papierfische, Luftballons oder „Schneeflocken"-Watteflocken darauf schweben.)
Zur Vorbereitung der Massage ein bisschen Wasser auf die Folie gießen. Nun versuchen alle gemeinsam, diese kleine Wasserpfütze anzuheben und auf der Folie hin- und her zu bewegen, ohne dass das Wasser herunter läuft. Wenn dies der Gruppe gelingt, kann die Wassertropfen-Massage beginnen.

Wassertropfen-Massage
Ein Kind in Badekleidung legt sich auf den Boden bzw. die Iso-Matte. Die übrigen Kinder ebenfalls in Badebekleidung halten die Folie über das liegende Kind. Nun wird langsam und vorsichtig warmes Wasser (eventuell eingefärbt) auf die Folie gefüllt. Die Folie senkt sich behutsam auf den Körper des Kindes und die Wasserblase bewegt sich anschließend über den ganzen Körper. Wo ist die Massage angenehmer, auf dem Rücken oder auf dem Bauch?

Wassertropfen hüpfen
Ein paar Kinder halten die Folie mit dem Wasser so hoch, dass mehrere Kinder unter die Folie gehen können. Diese hüpfen (evtl. in der Hocke) und stupsen dabei das Wasser mit ihren Fingern von unten an … bis alle Wassertropfen von der Folie gehüpft sind.

Wasserrutsche selbst gebaut
Material: 1 dicke Malerabdeckfolie oder Plastikplane

Die Folie auf leicht abschüssigem Gelände auslegen und mit Wasser aus der Gießkanne begießen (eventuell am oberen Ende Wasser aus einem Schlauch rieseln lassen). Nun darf auf dem Bauch, Po oder Rücken gerutscht werden.

„Vielleicht besucht ihr einmal meine Wassertropfenfreunde in einem Schwimmbad!"

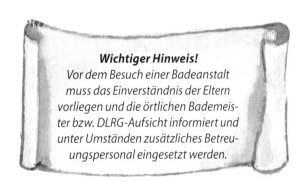

Wir profitieren unser Leben lang davon, schwimmen zu können. Daher sollte jedes Kind bereits im Vor- und Grundschulalter die Chance zur Wassergewöhnung und zum Schwimmenlernen erhalten. Was könnte da schöner sein, als dies mit den besten Freunden oder der Familie zu erleben?

*Wichtiger Hinweis!
Vor dem Besuch einer Badeanstalt muss das Einverständnis der Eltern vorliegen und die örtlichen Bademeister bzw. DLRG-Aufsicht informiert und unter Umständen zusätzliches Betreuungspersonal eingesetzt werden.*

Die Reise des kleinen Wassertropfens – eine Vorführidee

Kinder, die sich mit dem kleinen Wassertropfen wie vorher beschrieben angefreundet und beschäftigt haben, sind sicher schnell zu einer Vorführung zu dem Lied „Ich bin sauer" zu motivieren. Jedes einzelne schlüpft dabei in die Rolle eines Tropfens und erlebt zur Musik die abenteuerliche Reise von der Quelle bis zum Meer, in die Wolke und auf die Erde zurück.

Je nach der Größe bzw. Länge der Vorführfläche, der Baugestaltung der Quelle und der Gestaltung des Flusses können ca. 6 bis 12 Wassertropfen gleichzeitig agieren.

Wenn es der Platz zulässt, könnten weitere Kinder als Ufertiere auftreten, als Müllteile verkleidet dem Wassertropfen ein Stück entgegen „schwimmen" oder vor der Mündung ins Meer Häuser und stinkende Schornsteine darstellen. Hier sind der Fantasie der Gruppe keine Grenzen gesetzt (→ S. 86–89).

Musik: CD-Nr. 8, „Ich bin sauer"
Material: Flusslandschaft (→ S. 86), für draußen: feste Folienbahnen aus dem Bauhandel
Kostüme: Wassertropfenkostüme aus blauen Müllsäcken oder blauen Stoffen

Wassertropfenkostüme

Material Kostüm 1: blaue Müll- oder Stoffsäcke, Hutgummi oder eine Schleife, blaue Schminke
Material Kostüm 2: blaues T-Shirt, blaue Hose, blaue Kopfbedeckung, evtl. blaue Einmalschuhe und blaue Schminke

Kostüm 1: Einen Müll- bzw. Stoffsack über den Kopf ziehen, bis eine der geschlossenen Spitzen über den Haaren steht. Zügig, damit das Kind nicht zu lange in dem Müllsack aushalten muss, werden das Gesicht und die Oberarme mit einem Stift markiert. Den Müllsack sofort wieder ausziehen und das Gesicht und die Schlitze für die Arme ausschneiden. Wenn das Kind den Müllsack wieder anzieht, wird die „Kapuze" am Hals mit dem Hutgummi oder einer Schleife locker abgebunden. Um mehr Bewegungsfreiheit zu erhalten, kann die Verkleidung bis auf Brusthöhe in Streifen geschnitten werden.

Kostüm 2: Jedes Kind bringt blaue Kleidung und Kopfbedeckung von Zuhause mit und schminkt sich im Gesicht und an den Händen blau.

Vorbereitung der Kinder

Die Kinder lernen das Lied (→ S. 78) kennen und spielen die Abenteuer des Wassertropfens (→ S. 79). Sie lernen Rutschen, Kullern und Rollen und sind somit bestens für diese Vorführung vorbereitet. Am Ende müssen sie nur noch proben, welche Bewegungen zu dem Text an welchem Flussabschnitt bzw. an welcher Stelle der Vorführfläche stattfinden.

Vorbereitung der Vorführfläche

Die Gruppenleitung gestaltet mit den Kindern den Flusslauf mit einer Quelle, einem schmalen Abschnitt evtl. mit Tieren, mit einem „schmutzigen" Abschnitt mit Müllteilen, der Mündung ins Meer, der Sonne und einer Wolke (Beispiele → S. 86-89).

Zuschauer: Die Zuschauer sitzen oder stehen so verteilt an der Vorführfläche, dass sie den ganzen Flusslauf überblicken. Wenn möglich, sollten die Zuschauer alle auf einer Seite des Flussufers stehen, so dass die Kinder eine Spielrichtung haben. Wo das nicht möglich ist, schauen die einzelnen Wassertropfen beim Spielen des Refrains in verschiedene Richtungen, z.B. zu ihren eigenen Familien.

Liedtext „Ich bin sauer" (→ S. 75)	Bewegungsidee
Vorspiel (0:00-0:10)	
1. Strophe (0:11-0:49) Ich bin ein kleiner Wassertropfen, aus dem Fels gebor'n. Die Quelle hab ich leider aus den Augen längst verlor'n. Ich weiß noch, dass ich viele Jahre in der Erde schlief, in einem stillen, klaren See, so friedlich und so tief. Dann zog mich was mit aller Kraft, ich konnte mich nicht wehr'n. Ich fühlte nur, da will mich was in meiner Ruhe stör'n.	*Der erste Wassertropfen und nacheinander alle anderen rutschen aus dem Berg die Quelle hinab. Stehen sie unten, ziehen und zerren sie noch aneinander herum.*
Refrain (0:50-1:20) Ich bin sauer, schlicht und einfach sauer! Und ich frag' mich, wo das hinführt auf die Dauer. Ich bin sauer, schlicht und einfach sauer! Wohin wird die Reise geh'n? Wird es schrecklich oder schön? Werd ich meinen stillen See vielleicht noch einmal wiederseh'n?	*Alle bleiben am Platz stehen und trampeln sechsmal auf den Boden. Sie ziehen die Schultern fragend hoch. Alle trampeln sechsmal auf den Boden. Sie ziehen die Schultern fragend hoch. Alle verstecken kurz das Gesicht in den Händen und schauen danach hoffnungsvoll und winken mit den Armen hin und her ...*
2. Strophe (1:21-2:00) Man sagt, dass so ein Wassertropfen viel erleben kann, und auch für mich fing alles wie ein Abenteuer an. Ein kleines Bächlein zeigte mir den Weg hinab ins Tal, das plätscherte und gurgelte und spritzte tausendmal. Ich sah die ersten Tiere und auch Menschen dann und wann; doch schon beim ersten Dorf, da fing es mir zu stinken an.	*Die Wassertropfen drehen und kreisen mit nur kleinen Schritten durch den engen Bach. Mit Schwimmbewegungen der Arme gehen die Tropfen weiter ... ... schwimmen um die Tiere herum ... Alle halten sich die Nasen zu.*
Refrain (2:01-2:31) Ich bin sauer ...	*(s. o.)*

Liedtext „Ich bin sauer" (→ S. 75)	Bewegungsidee
3. Strophe (2:32–3:10) Was wird aus einem Wassertropfen, der die Stadt erreicht? Er treibt in einem Fluss dahin und hat's bestimmt nicht leicht. In jeder Biegung lauert eine andere Gefahr. Sogar die Fische sind betrübt und gucken sonderbar. Ich fragte mich, was da wohl alles noch im Wasser schwimmt, und fühlte, wie die Fische, dass da irgendwas nicht stimmt.	*Alle Wassertropfen rutschen auf dem Po weiter, wenn es geht, ohne die Hände zu benutzen.* *Alle kriechen auf dem Bauch weiter durch den verschmutzten Flussabschnitt.*
Refrain (3:11–3:41) Ich bin sauer …	*(s. o.)*
4. Strophe (3:42–4:23) So mancher kleine Wassertropfen treibt hinaus aufs Meer. So wär's auch mir ergangen, wenn ich nicht verdunstet wär'. Ich hab mich mit Millionen Tropfen einfach aufgelöst und dann in einer Wolke lange vor mich hin gedöst. Auf einmal bin ich aufgewacht und fühlte mich so krank. Was stieg da bloß zu uns herauf? Ein schrecklicher Gestank!	*Alle kullern, rollen, purzeln auf das Meer zu …* *Sie werden von der Sonne berührt …* *Ein Wassertropfen liegt mit dem Bauch auf der Wolke und Spielleitung oder Eltern heben die Wolke an und schweben (tragen sie) ein Stück voran …, die anderen Tropfen verstecken sich darunter. (Mutige Wassertropfen schweben hoch über den Köpfen der Erwachsenen.)* *Der Wassertropfen auf der Wolke hebt den Kopf, hält sich die Nase zu. Die anderen schauen unter der Wolke heraus und halten sich die Nase zu.*
Refrain (4:24–4:55) Ich bin sauer …	*(s. o.)*
5. Strophe (4:56–6:00) Ich hab's als kleiner Wassertropfen ziemlich weit gebracht; doch seht mich an und sagt mir, was habt ihr aus mir gemacht? Da vorn kommt ein Gebirge und ein großer grüner Wald. Wir rücken eng zusammen, denn hier oben wird es kalt. Ich kann mich kaum noch halten, mach mich für den Flug bereit. Ich falle – und ich frag mich, ob sich jemand auf mich freut. Immer näher kommt die Erde, wo ich bald versickern werde, um den vielen Bodenschichten von der Reise zu berichten, und ich find mit etwas Glück auch zu meinem stillen, klaren See zurück.	*Die Wolke schwebt mit den Wassertropfen weiter … auf Bäume zu, wenn vorhanden, oder in Richtung Quelle zurück …* *Die Wassertropfen „fliegen" mit ausgebreiteten Armen unter der Wolke hervor. Der Wassertropfen auf der Wolke wird zu Boden gelassen.* *Alle fliegen noch ein Stück und „versickern" schließlich in der Erde. Alle verstecken sich am Ende …*

Da der Flug auf der Wolke bei den Kindern sehr beliebt ist, sollten alle Kinder einmal in den Genuss des Schwebens kommen. An einem Familiennachmittag können die Eltern selbst aktiv werden und ihre kleinen Wassertropfen gemeinsam schweben lassen.

Eine Flusslandschaft auf dem Spielplatz

Von den Erzählungen und Abenteuern des kleinen Wassertropfens inspiriert, bauen Kinder und Gruppenleitungen vielleicht mit weiteren freiwilligen Helfern der Familien eine Flusslandschaft, wie sie im Lied besungen wird.

Zu allererst werden die Möglichkeiten des Geländes erkundet. Vier Abschnitte werden dem Lied entsprechend benötigt. So sollte die Quelle des Flusses beispielsweise an einer Rutsche, einer Bodenerhebung oder einem Klettergerüst mit Rutschmöglichkeit beginnen. Danach zieht sich ein schmales „Bächlein" über den Boden eventuell unter einem Balancierbalken hindurch, bevor sich der Fluss langsam breiter werdend dem Abschnitt einer Stadt nähert, die durch ein vorhandenes Spielhaus oder ein Klettergerüst als Brücke angedeutet wird. Für die Mündung ins Meer sollte eine größere freie Fläche zur Verfügung stehen oder z. B. eine Sandkiste genutzt werden.

Die nachfolgenden Beschreibungen (→ S. 86–87) sind Anregungen für den Bau des Flusslaufes auf einem Spielplatzgelände. Die einzelnen Abschnitte orientieren sich an der Reihenfolge, wie sie im Lied besungen wird:

Stockfische und andere Wassertiere

Material: Zeitungspapier, Tapetenkleister bzw. Klebstoff, Farbe, Klarlack, Stöcke/Zweige, Klebeband, große Plastikflaschen (z. B. von Waschmitteln), Sand

Aus mehreren Doppelseiten Zeitungspapier die Silhouette eines Fisches oder eines anderen Wassertieres doppelt ausschneiden. Die Konturen der einen Tierform mit Ausnahme des Bauches am Rand ca. 2 cm mit Kleister bestreichen und den zweiten Teil darauf kleben. Den Fisch vorsichtig mit zusammengeknülltem Zeitungspapier ausstopfen. Bevor der Bauch geschlossen wird, etwa in der Mitte der Unterseite einen Stock mit dem Klebeband festkleben. Wenn der Kleister bzw. Klebstoff trocken ist, alles schillernd anmalen. Mit ein wenig Klarlack erhält der Fisch mehr Festigkeit. Die Plastikflasche mit Sand füllen und den Stockfisch hinein stellen.

Das Flussbett
Material: Abdeckfolie (Handwerkerbedarf), Farbe, Heringe oder Sand
Dicke Abdeckfolie entsprechend der Flussabschnitte zuschneiden. Ist die Folie durchsichtig, wird sie von unten mit blau-grüner Farbe bemalt. An den Seiten die Folie mit Heringen oder Sand befestigen.

Die Quelle
Material: Rutsche (oder Klettergerüst), Tücher oder Decken
Eine Rutsche mit Tüchern und Decken als Berg verkleiden. So erfolgt der Aufstieg im Dunkeln und die Tropfen rutschen in den Bach hinein.

Das Bächlein
Material: Balancierbalken, Bretter
Eventuell Balancierbalken einbauen oder Bretter auslegen.

Eine Brücke
Material: Turnstange (oder Klettergerüst oder 1–2 Tische)
Unter Turnstangen, einem Klettergerüst oder einem Tisch die Folie verlegen, so dass die Tropfen auf dem Po hindurchrutschen können.

Die Stadt
Material: Spiel- oder Kletterhaus, Kartons
Die Stadt besteht aus Spielhaus, Kletterhaus oder Häusern aus (eventuell bemalten) Kartons o. Ä.

Der Müllfluss
Material: geeignete Stelle (z. B. am Schaukelgerüst, unter Bäumen und Sträuchern), Band, leere Plastiktüten und -flaschen, gelbe Säcke, Geschenkbandreste, rot-weißes Absperrband, Zeitungspapier usw.

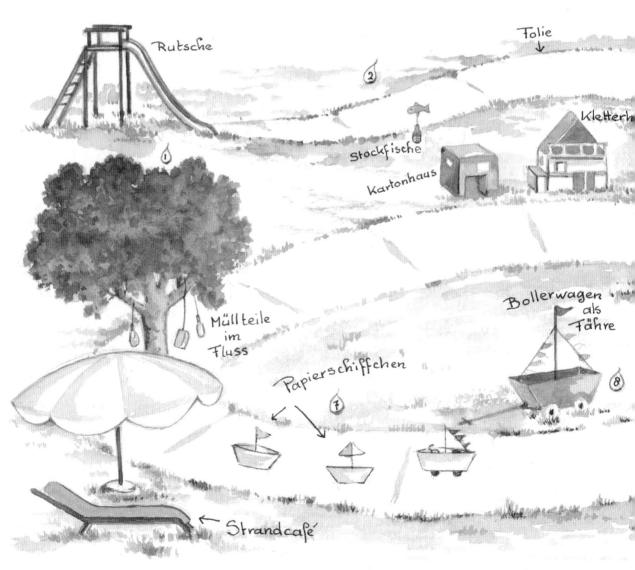

An geeigneter Stelle viele verschiedene Müllteile anbinden, so dass der Müll in verschiedenen Höhen über dem Boden hängt.

Breiter Fluss mit Schiffen
Material: Schiffe aus Pappkartons, als Schiffe verkleidete Dreiräder, Tretautos, Bollerwagen o. Ä.

Das Meer
Material: 1 große, von unten blau bemalte Folie, 1 Sandkiste, 1 Planschbecken, Strohballen, 1 LKW-Plane
Wenn das Wetter schön ist und richtiges Wasser zum Einsatz kommen darf, bieten sich mehrere Möglichkeiten: eine mit Folie ausgelegte Sandkiste, ein Planschbecken oder ein Viereck aus Strohballen mit einer LKW-Plane überspannt (dabei hilft uns immer die Freiwillige Feuerwehr).

Die Sonne
Material: Trittleiter, 1 große gelbe Sonne aus Pappe oder Stoff
Am Ende des „Meeres" eine Trittleiter aufstellen, an der eine große gelbe Sonne aus Pappe oder Stoff befestigt ist. Über die Leiter gelangt man auf die Wolke.

Die Wolke
Material: Luftmatratze oder Matte, weißes Tuch
Eine Luftmatratze mit weißen Tüchern verhüllen. Bei vielen MitspielerInnen eventuell mehrere Wolken einsetzen.

Wichtiger Hinweis!
Sollte an einem schönen warmen Sommertag richtiges Wasser eingesetzt werden, ist es ratsam, das nasse Areal auf das „Meer" zu begrenzen. Andernfalls verwandelt sich die gesamte Flusslandschaft sehr schnell in eine Matschwiese, was die Spielaktionen stören könnte.

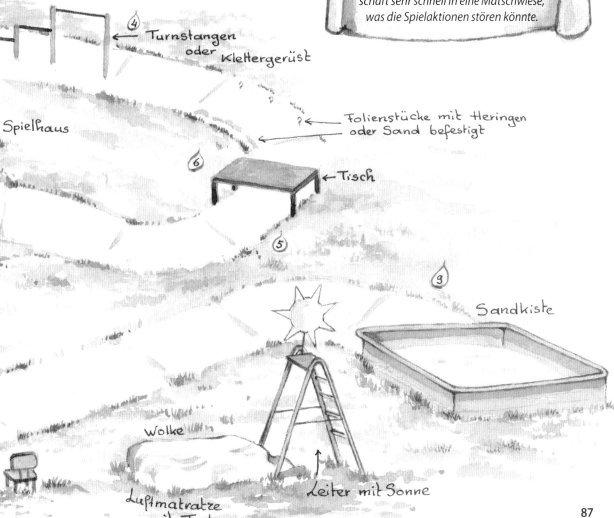

Eine Flusslandschaft in der Turnhalle

Und so könnte der Fluss drinnen gebaut werden:

Das Flussbett
Material: Matten, Seile, Leinen oder Band, blaue Stoff- oder Folienreste
Die Ufer mit Hilfe von Leinen markieren und blaue Stoff- und Folienreste anknoten. Dort, wo der Fluss breiter wird, Matten auslegen.

Die Quelle
Material: Bank, Gitterleiter/Sprossenwand, Matten, Tücher oder Decken
Eine Bank schräg in eine Sprossenwand oder Gitterleiter hängen und alles mit Tüchern als Berg verkleiden.

Das Bächlein
Material: Bänke, Übungsbalken
Die Bänke der Länge nach aufstellen (Breit- oder Schmalseite je nach Fähigkeiten der Kinder).

Stockfische und andere Wassertiere (→ S. 85)

Eine Brücke
Material: 6 kleine Kästen oder 2 Bänke, 3 Matten
Die kleinen Kästen oder Bänke parallel nebeneinander stellen und die Matten biegen und als Mattentunnel dazwischen stellen.

Die Stadt
Material: Kästen, Kasteninnenteile, Matten
Verschieden hohe Kästen oder Kasteninnenteile symbolisieren die Häuser der Stadt.

Der Müllfluss
Material: Ringe, Taue, Barrenholme oder Reckstangen, Seile, Müllteile (→ S. 86)
An Ringen, Tauen, Barrenholmen oder Reckstangen Seile spannen und Müllfäden bis ca. 10 cm über dem Boden herabhängen lassen.

Breiter Fluss mit Schiffen
Material: Kasteninnenteile, je 2 Rollbretter mit 1 Kastendeckel
Schiffe aus Kasteninnenteilen oder Kastendeckeln auf Rollbrettern.

Das Meer
Material: Matten, Weichböden
Aus übrig gebliebenen Matten die Flussmündung bauen und Weichböden als Meer auslegen.

Die Sonne
Material: 1 kleiner Kasten, 1 Längskasten, 1 große gelbe Sonne aus Pappe oder Stoff
Die große Sonne am Ende der Weichböden aufhängen. Über einen hinter der Sonne stehenden kleinen Kasten gelangen die Wassertropfen über einen Längskasten auf die Wolke.

Die Wolke
Material: Luftmatratze oder Matte, weißes Tuch
Eine Luftmatratze mit weißen Tüchern verhüllen. Bei vielen MitspielerInnen eventuell mehrere Wolken einsetzen.

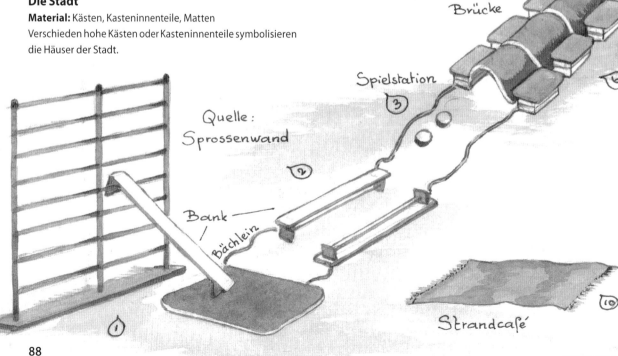

Spielstationen am Flussufer

Entlang einer selbst gestalteten Flusslandschaft lassen sich links und rechts des Ufers ganz verschiedene kleine Spielabenteuer erleben. Die Gruppenleitung hat die Möglichkeit, eine oder mehrere Spiele auszuwählen und leitet diese jeweils mit den Erzählungen des kleinen Wassertropfens an.

Spiel 1: Froschkonzert

„Rund um die Quelle haben es sich viele Frösche gemütlich und bequem gemacht. Doch leider werden ihre Beine lahm, wenn sie nicht hüpfen. Helft ihnen bitte."

Material: Schnüre, Naturmaterial wie Mais, Schilf, hohe Gräser, Zweige, mindestens 2 Hüpf- oder Sitzbälle, Luftballonfrösche
Vorbereitung: Je nach Gelände ein Areal, in dem gehüpft werden darf, mit Schnüren und Naturmaterial abgrenzen und Luftballonfrösche darin verteilen.

„Hüpft mit euren Hüpf- bzw. Sitzbällen zu jedem Frosch und stupst ihn an, so dass er ein paar Mal auf- und abhüpft. Wenn ihr möchtet, könnt ihr sie einzeln ein Stück auf eurem Ball mitnehmen und an einer anderen Stelle wieder absetzen. So bleiben sie in Bewegung und gesund."

Spiel 2: Beschützt den Fischlaich

„Gleich hinter der Quelle in einer Mulde im ruhigen Bach legen die Fische ihre Eier ab. Doch manchmal wird eines weggerissen und fortgespült. Versucht es sicher aufzufangen, bevor es sich verletzt."

Material: mehrere alte Tischtennisbälle (z. B. aussortierte Bälle von Vereinsspielern), Folienstifte, 2 Schüsseln/Eimer, unterschiedlich lange Stücke Abfluss-, Installations- oder Kabelschutzrohre aus Kunststoff (in Handwerksbetrieben nach Reststücken fragen)
Vorbereitung: auf die Tischtennisbälle zwei Augen malen und sie in eine Schüssel legen

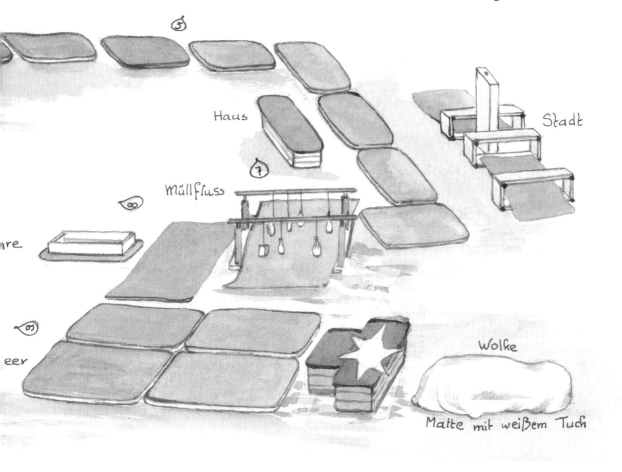

„Einer von euch nimmt die Fischeier nacheinander heraus und lässt sie einzeln durch das Rohr kullern. Euer Partner versucht, sie sicher aufzufangen, bevor sie zu Boden fallen. Die geretteten Eier sammelt ihr in der zweiten Schüssel. Danke für diese Rettungsaktion!"

Spiel 3: Von einem Ufer zum anderen

„Hier zeige ich euch, wie ihr an einem schmalen Bach von einem Ufer zum anderen gelangt, ohne dabei nass zu werden."

Material: pro Person 3 Pflastersteine (oder Baumstammscheiben, Teppichfliesen o. Ä.)
Vorbereitung: jeweils drei Steine am gegenüber liegenden Ufer bereit legen

„Legt den ersten Stein in den Fluss, steigt mit einem Fuß darauf und holt den zweiten Stein für den zweiten Fuß. Nun greift den dritten Stein und legt ihn ein Stück weiter vorne hin. (Achtung! Nicht zu weit weg, ihr müsst den ersten Stein noch erreichen können!). Nun könnt ihr durch geschicktes Steinelegen das andere Ufer erreichen. Wer von seinem Stein herunterfällt, fängt wieder von vorn an. Und wer von euch ist zuerst auf der anderen Seite?"

Spiel 4: Achtung Storchenschnabel!

„Die Störche mit ihren langen roten Beinen klappern mit ihren Schnäbeln und suchen nach Futter. Habt ihr schon einmal mit einem langen Storchenschnabel etwas zu Fressen gefangen?"

Material: 1 aufgeschnittener blauer Müllsack, Weingummifrösche oder -würmer, 2 oder mehrere Grillzangen

Vorbereitung: Weingummifrösche und -würmer auf der Folie verteilen, die Zangen in 4–8 m Entfernung bereit legen

„Jeder von euch nimmt sich mit lang ausgestreckten Armen eine Zange, stolziert wie ein Storch mit hochgezogenen Knien und weiten Schritten bis an die Folie heran. Dort stellt ihr euch auf ein Bein und versucht, mit der Zange ein Futterteil zu erwischen. Geschafft? Na, und schafft ihr es auch, wenn zwei Freunde oder Familienmitglieder das Futter auf der Folie im Wellengang auf und ab bewegen? – Guten Appetit jedenfalls!"

Spiel 5: Angelglück

„Ein Stück flussabwärts sieht man oft Angler sitzen. Möchtet ihr es auch einmal versuchen?"

Material: mind. 2 Magnetangeln (für die Erwachsenen z. B. eine kleine Spielzeugangel an einem Besenstiel befestigen), einige Fische und Gegenstände (z. B. Eimer, alter Schuh) aus Papier mit Büroklammern daran, 1 Planschbecken ohne Wasser oder 1 weiteres Stück Folie am Flussrand

Vorbereitung: die Fische und Gegenstände in dem Planschbecken verteilen und die Angeln bereit legen

„An die Angeln – fertig – los. Wie lange braucht ihr, um die (oder soundsoviele) Fische und Gegenstände herauszuangeln? Angler wünschen sich gegenseitig „Petri Heil!"

Spiel 6: Aale, Aale …!

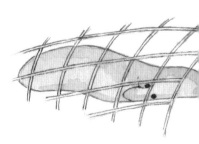

„Mit den Aalen kann man sich durch engste Stellen im Fluss und auch durch die Mülltiele hindurchzwängen. Schafft ihr es auch?"

Material: Kriechtunnel, 4–6 Stühle, 2–3 Tische, Tücher, Decken oder Baumnetze
Vorbereitung: Verschieden große Tunnel werden auf der Folie am Flussufer gebaut, Kriechtunnel ausgelegt, die Stühle hinter- oder nebeneinander auf die Folie gestellt und mit Decken verdunkelt, die Tische hintereinander stellen und ebenfalls verdunkeln.

„Ich bin gespannt, ob ihr euch so lang und dünn machen könnt wie ein Aal. Legt euch auf den Bauch und versucht euch durch alle Tunnel hindurchzuschlängeln. Geht doch aalglatt, oder?"

Spiel 7: Schiff ahoi!

„In der Nähe der Stadt kann man die ersten Schiffe auf dem Fluss erkennen. Möchtet ihr auch euer eigenes Boot ins Wasser lassen?"

„Habt ihr euch ein Schiff gefaltet? Dann gebt ihm einen Namen, beschriftet und tauft es und lasst es feierlich zu ‚Wasser'. Doch verankert es gut oder macht es an der Kaimauer oder am Ufer fest, damit die Wassertropfen es nicht mitreißen ins große Meer. Allzeit gute Fahrt!"

Spiel 8: Hallo Fährmann!

„Dort, wo der Fluss richtig breit ist, kommt man nur mit einer Fähre von einem Ufer zum anderen.
Helft dem Fährmann, seine Passagiere von einer Seite zur anderen zu bringen."

Material: 1 Bollerwagen, 1 Schiebkarre oder 1 Karton auf Rollbrettern (in der Turnhalle 1 umgedrehter Kastendeckel auf 2 Rollbrettern), dickes langes Tau, Besenstiele

Papierschiffe
Material: festes Papier (z.B. Tapetenreste), Klebestreifen, Stifte zum Beschriften, evtl. Bastelpapier und Bindfaden zum Verzieren für Fähnchen, Segel, Leinen o.Ä.
Vorbereitung: Auf einem Tisch die Materialien bereit legen, unter Anleitung große Papierschiffe falten und individuell verzieren.

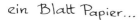

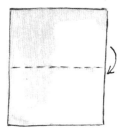
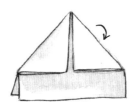
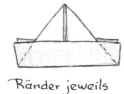
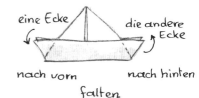

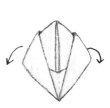

Der Bau der Fähre richtet sich nach der Beschaffenheit des Untergrundes. Sie sollte auf der Folie bzw. auf dem Boden im breiten Flussabschnitt gut rollen können. Vorwärts bewegt sich die Fähre entweder durch Ziehen am Seil oder durch Staken mit den Besenstielen. Dafür wird das Seil an einem Ende an einen Baum o. Ä. gebunden und an der anderen Seite von Erwachsenen gehalten.

Wie viele Passagiere mitfahren können oder ob sich jeder selbst auf die andere Seite befördern muss, hängt von der Bauweise und dem Untergrund ab.

„Hallo Fährmann, wie oft hast du es von einer Seite zur anderen geschafft?"

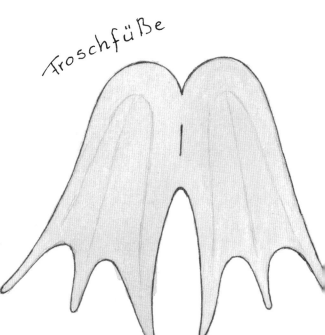

Luftballonfrösche
Material: 10–20 grüne Luftballons, grüner Fotokarton, Folienstifte

Aus dem Fotokarton die Froschfüße (siehe Vorlage) ausschneiden, die Luftballons aufblasen und zuknoten. Den Knotenzipfel in den Spalt zwischen die Froschfüße klemmen und abschließend Froschaugen und ein Froschmaul auf den Ballon malen.

Spiel 9: Watt laufen!

„Wenn wir Wassertropfen uns durch das Watt drängen müssen, finden wir oft richtige Schätze im Matsch. Viel Glück!"

Material: Sandkiste oder altes Planschbecken (kann in diesem Fall auch Löcher haben), Sand und Wasser, verschiedene kleine Meeresschätze (Muscheln, Steine, Plastikkrebse), Wasseranschluss oder Gefäße zum Füße waschen, Handtücher
Vorbereitung: Aus Wasser und Sand einen etwa Knie hohen Matsch vorbereiten, in dem die „Schätze" versenkt werden.

„Jetzt aber die Schuhe und Strümpfe ausziehen, die Hosen hochkrempeln und hinein ins Vergnügen. Watet umher und versucht, einige Schätze heraus zu ziehen. Schaut sie euch genau an, erkennt ihr sie? Dann versteckt ihr sie wieder. Viel Vergnügen im Matsch!"

Spiel 10: Willkommen beim Trocken-Schwimmkurs

„Wisst ihr, was wir Wassertropfen uns wünschen? Dass alle Kinder schwimmen lernen. Wie wäre es also mit einer ersten Lektion im Trockenschwimmen. Die Erwachsenen machen es euch bestimmt gern vor."

Material: mind. 2 Partygartenbänke oder 2 Stühle (je nach Anzahl der Spieler), zum Spaß Taucherbrillen, Schnorchel, Schwimmflossen
Vorbereitung: die Gartenbänke V-förmig aufstellen (ggf. am Boden gesichert, damit sie nicht umkippen) und die Schwimmutensilien bereit legen

„Nun kann es losgehen. Sucht euch Schwimmutensilien aus und legt euch quer mit dem Bauch und der Hüfte über die Bank, hebt Arme und Beine an und schwimmt los. (Dabei zeigen die Erwachsenen den Kindern die richtigen Arm- und Beinbewegungen.) Na, wie viele Züge schafft ihr schon? Könnt ihr mit mir ein Stück am Ufer entlang schwimmen? Das macht Spaß, oder?"

Auf den Spuren des kleinen Wassertropfens

Ein Familien-Spielfest auf dem Spielplatzgelände oder in der Turnhalle

Nach den erlebnisreichen Abenteuern mit dem kleinen Wassertropfen, bei dem die Kinder auch die vielen Freunde des Wassertropfens kennen gelernt haben, möchte dieser nun seinerseits die Familien der Kinder kennen lernen und lädt daher zu einem großen Familientag ein.

Die Vorbereitung im Team

✦ einen Termin für die Aktion festlegen
✦ die Spielfläche aufteilen und den Flussverlauf planen
✦ Spielstationen auswählen und einem Platz zuordnen
✦ das Strand-Café planen (Sonnenschirme, Liege-/Sitzmöglichkeiten)
✦ die Materialien zusammentragen
✦ die Aufgabenbeschreibung der Spielstationen auf Riesenwassertropfen vorbereiten

Spielaufgaben auf Riesenwassertropfen

Material: blaues Papier (DIN A3 oder DIN A4), dicke Faserstifte, Schere, evtl. Laminierfolie oder Plastikhüllen, Band (zum Anhängen an die Station)

Die jeweiligen Spielaufgabentexte (s. Spielstationen 1–10 ➜ S. 89–93) mit großen Buchstaben auf das Papier schreiben. Anschließend in Wassertropfenform ausschneiden. Auf die Rückseite ein Wassertropfengesicht aufmalen und mit Laminier-/Klarsichtfolie schützen.

Froschkonzert:

„Rund um die Quelle haben es sich viele Frösche gemütlich und bequem gemacht.

Doch leider werden ihre Beine lahm, wenn sie nicht hüpfen. Helft ihnen bitte."

Vorderseite des Tropfens

„Hüpft mit euren Hüpf- bzw. Sitzbällen zu jedem Frosch und stupst ihn an, so dass er ein paar Mal auf- und abhüpft. Wenn ihr möchtet, könnt ihr sie einzeln ein Stück auf eurem Ball mitnehmen und an einer anderen Stelle wieder absetzen. So bleiben sie in Bewegung und gesund."

Rückseite des Tropfens

Die Vorbereitung mit den Kindern
- alle lernen das Lied „Ich bin sauer" kennen (➜ S. 78)
- verschiedene Wassertropfenspiele ausprobieren (➜ S. 79 ff.)
- die Einladungen (s. rechts) basteln
- die Flusslandschaft gestalten (➜ S. 86 ff.)
- die Vorführung üben und Kostüme basteln
- die Vorführung in der Flusslandschaft üben

Wassertropfen-Einladung

Material: blaues Papier/Fotokarton, Wassertropfenschablone, Schere, Klebstoff, Malstifte, Fotokopien mit Einladungstext, blaues Band

Die Kinder übertragen mit Hilfe der Wassertropfenschablone einen Tropfen auf das Papier und schneiden den Wassertropfen aus, kleben Arme und Beine daran und binden den aufgerollten Einladungstext an einen Arm.

Liebe Eltern,

am ……………… um ……………… Uhr

möchten wir uns gemeinsam mit Euch auf die Spuren dieses kleinen Wassertropfens begeben und unseren neuen Fluss auf dem Spielplatzgelände (in der Turnhalle) erobern.
Vielleicht habt Ihr Lust, Euch mit uns wasserblau zu kleiden und Erfrischungen für unser Strand-Café mitzubringen.
Wir freuen uns schon!

P.S. Wenn es sehr warm ist, könnte es etwas nass werden, bringen Sie daher bitte vorsichtshalber ein Handtuch mit.

✂ -

Wir kommen mit _____ Personen und bringen für das Café mit:

_____   _____

_____   _____

Die Vorbereitung am Festtag
✦ die Flusslandschaft dekorieren
✦ die Spielstationen entlang des Flusses aufbauen und die Materialien bereitstellen
✦ das Strand-Café aufbauen

Das Fest beginnt
Direkt nach dem Eintreffen der Besucher werden alle herzlich begrüßt und schauen sich die erste Vorführung des Liedes „Ich bin sauer" an. Wenn viele Kinder an der Aktion beteiligt sind, sollte die Gruppe in mehrere Kleingruppen eingeteilt werden, die nacheinander z.B. zu jeder halben oder vollen Stunde das Lied einmal vorführen.

Anschließend schwärmen die Kinder aus, holen ihre Familien und laden sie ein, selbst als Wassertropfen mit auf Reisen zu gehen:

✦ **sich als Wassertropfen zu verkleiden:** Hierfür liegen blaue Schminke und Streifen aus blauem Papier, Folien oder Geschenkband bereit, die man sich überall am Körper befestigen kann. (Krepppapier ist nicht geeignet, da es so leicht abfärbt.)
✦ **die Vorführung einmal gemeinsam zu erleben:** Die Kinder zeigen den Eltern die Bewegungsaufgaben in den einzelnen Flussabschnitten. Hierzu ertönen aus der Musikanlage leise die Instrumentalaufnahme des Liedes oder Wassergeräusche wie Meeresrauschen o. Ä. von einer Entspannungs-CD.

✦ **am Ufer entlang an den verschiedenen Spielstationen mitzuspielen:** Klein und Groß erproben an den verschiedenen Spielstationen ihre Abenteuerlust, Fantasie, Beweglichkeit und Geschicklichkeit.

Im gemütlichen **„Strand-Café am Meer"** mit Sonnenschirmen, Liegestühlen und Decken sind alle herzlich eingeladen, sich zwischen den Spielaktionen einmal kurz zu erfrischen. Getränke und andere gesunde Kleinigkeiten stehen in einem von den Eltern organisierten Büfett bereit. Sollten es sich die Cafébesucher allerdings allzu bequem machen, findet sich sicher ein Wassertropfen, dem es in fantasievoller und netter Art gelingt, alle zu neuen Abenteuern zu motivieren.

Die fast liebevolle Beziehung, die die Kinder zu einem einzigen Wassertropfen aufbauen, mit dessen Hilfe sie sich über einen längeren Zeitraum dem Thema Wasser widmen, sorgt hoffentlich dauerhaft dafür, dass diese Kinder mit unserem Wasser, dem kostbaren Schatz der Erde, bewusster und schonender umgehen.

Und das sagt Rolf dazu:

Wie viele Wassertropfen laufen mir beim Händewaschen oder Duschen durch bzw. über die Finger? Wie viele sind um mich herum, wenn ich in der Badewanne sitze? Es kommt sicherlich nicht auf die Zahl an, sie alle gemeinsam tun mir gut. Was hätte ich von einem einzigen Wassertropfen, wenn ich Durst habe oder schwimmen möchte? Gut, dass es so viele davon gibt und dass sie so leicht ineinander fließen. Mit uns Menschen ist es nicht ganz so leicht, wir wollen und müssen immer wir selbst bleiben, auch wenn wir Teil einer Gemeinschaft sind. Fühlt man sich in der Familie, die nach großem Kummer Trost spendet, nicht ein bisschen wie in einer warmen Badewanne? Macht das Spielen mit Freunden nicht ebenso viel Spaß wie das Plantschen in der Badewanne? Es ist wie eine wohltuende Dusche, wenn man bei jemandem, der verständnisvoll zuhört, seinen Ärger loswerden kann. Was bliebe von mir, wenn es die anderen nicht gäbe? Man kann auch mit kleinen Kindern trefflich philosophieren. Oft kommen dabei Sachen heraus, die uns Große zum Staunen bringen und eine Weile stumm machen. Starke Kinder zeigen uns immer neue Farben vom Wunder, das Leben heißt.

Wie viel Farben hat die Welt

Nr. 9 – Musik und Text: Rolf Zuckowski
© MUSIK FÜR DICH Rolf Zuckowski OHG, Hamburg

1. Wie viel Farben hat die Welt? Frag den Regenbogen,
der am hohen Himmelszelt seine Bahn gezogen.
Was dein Auge sehen kann, zeigt er dir so schön.
All die andern Farben kann nur dein Herz versteh'n,
kann nur dein Herz versteh'n.

2. Wie viel Farben hat die Welt? Musst die Blumen fragen,
die auf Halmen ungezählt ihre Blüten tragen.
Sieh die bunte Farbenpracht, die im Licht erblüht,
und dann such in dunkler Nacht, was dein Herz nur sieht,
such, was dein Herz nur sieht.

3. Wie viel Farben hat die Welt? Frag die Edelsteine.
Mancher wurde viel zu schnell blind von ihrem Scheine.
Was ihr Funkeln und ihr Glanz dir auch je verspricht,
was du mit dem Herzen siehst, glänzt auch ohne Licht,
das glänzt auch ohne Licht.

Fingerspieltheater oder Regenwurmballett

Finger können zeigen, antippen, heranlocken, spielen und auch tanzen, wie die Idee für das Regenwurmballett beweist. Ohne Probe können die Kinder mit Hilfe ihrer Zeigefinger Zuschauer faszinieren. Einfach mitspielen.

Musik: klassische Musik
Material: 1 altes Betttuch dunkelbraun bemalt oder gefärbt, Farbe, Pinsel
Vorbereitung: Auf das obere Ende der Schmalseite des Betttuches den Schriftzug „Regenwurmballett" malen. In das Betttuch zehn zeigefingerkleine Löcher hinein schneiden. Die Abstände der Löcher so verteilen, dass fünf Kinder bequem dahinter knien, hocken oder stehen können.

Leinwand für das Regenwurmballett

Vorhang auf für das Regenwurmballett

Zwei Personen halten das Tuch hochkant. Dabei stellen die Haltenden jeweils einen Fuß in die untere Ecke und ziehen das Tuch an der oberen Ecke stramm. Fünf Kinder knien, hocken oder stellen sich hinter dem Tuch auf und stecken zu Beginn der einsetzenden Musik ihre Zeigefinger durch die Löcher und bewegen sie im Rhythmus der Musik. Wenn die Musik stoppt, werden die Rollen getauscht. Jedes Kind sollte einmal hinter dem Tuch aktiv werden und einmal selbst Zuschauer sein.

Varianten

In ähnlicher Form lassen sich weitere Fingerspieltheaterideen umsetzen z.B. mit farbigen Zeigefingern in heller Leinwand, aufgemalten Gesichtern auf den Fingerspitzen oder mit Fingerpuppen und entsprechend größeren Löchern. Dies ist eine gute Vorübung für die Gestaltung des folgenden Liedes „Wie viel Farben hat die Welt?".

Wie viel Farben hat die Welt? – ein Leinwand-Fingerspieltheater

Wer kann auf diese Frage eine Antwort geben? Genau zwei Minuten und einundfünfzig Sekunden dauert dieser Musiktitel und da wird sich manch einer vielleicht fragen, ob sich der Aufwand für dieses Theater lohnt. Wer das Lied kennen und verstehen lernt, wer es wie die Kinder voller Eifer, im wahrsten Sinne des Wortes eigenhändig künstlerisch gestaltet und mit passenden feinsten Bewegungen spielt, der braucht keine Antwort, der wird verstehen – „Was du mit dem Herzen siehst, glänzt auch ohne Licht".

Musik: CD-Nr. 9 „Wie viel Farben hat die Welt?"
Material: Leinwand (→ S. 101), Schminke, Farbe zum Bemalen der Hände in Rot, Orange, Gelb, Grün, Blau, Violett
Erfahrungsfeld: neue Darstellungsformen, rücksichtsvolle Zusammenarbeit, Zeitgefühl
Bewegungsaktivität: Finger- und Handbewegungen
Vorbereitung: (→ S. 101)

Vorbereitung der Kinder
Die Kinder lernen die Idee eines Finger- bzw. Handtheaters kennen und probieren es mit dem Regenwurmballett (→ S. 98) aus.
Die Kinder lernen das Lied „Wie viel Farben hat die Welt". Sie probieren unterschiedliche Hand- bzw. Fingerbewegungen dazu aus und entscheiden, welche hinter der Leinwand geprobt werden sollen. Die Kinder proben Strophe für Strophe und achten dabei ganz besonders auf die sehr kurzen Übergänge in den Zwischenspielen.
Hinter der Leinwand braucht jedes Kind seinen festen Platz. Das ist anfangs nicht so ganz leicht zu sortieren. Das nachfolgende Beispiel beteiligt 21 Kinder. Die Position hinter der Leinwand in der ersten Strophe, wenn es um den Regenbogen geht, bestimmt für alle MitspielerInnen die Farbe ihrer Hände. Die Hände werden bis über die Handgelenke deckend bemalt. Wer möchte, schminkt sich auch das Gesicht.

Zwei Erwachsene oder größere Kinder rollen die Leinwand während des Zwischenspiels auf die obere Teppichrolle/Leiste in ruhigen Bewegungen nach oben. Sie sollten sich mit kleinen Strichen markieren, wie weit sie jeweils wickeln müssen.

1. Strophe

In der ersten Strophe stecken alle ihre Hände durch die senkrechten, handgroßen Schlitze in der Leinwand. Dabei kommt es nicht auf die Anzahl, sondern mehr auf die gleichmäßige Verteilung der Hände an. Wichtig ist, dass die Kinder verstehen, dass sie ihre Hände bzw. Finger nicht mit Gewicht in das Tuch hängen dürfen, sondern lediglich durchstecken.

2. Strophe

In der zweiten Strophe steckt die eine Hälfte der Gruppe ihre beiden Zeigefinger durch die zeigefingerkleinen Löcher in der Leinwand und stellt so die Blütenblätter der Blumen dar.

3. Strophe

In der dritten Strophe steckt die zweite Hälfte der Gruppe ihre Hände als Edelsteinmittelpunkt durch die kleinen Löcher. Die Kinder bewegen die Finger oder drehen die Hände.

Nach einigen Proben verzaubern die Kinder ihr Publikum mit kleinen ruhigen Bewegungen zu dem Text und dieser wunderschönen Klaviermusik.

Leinwand für das Fingerspieltheater „Wie viel Farben hat die Welt"

Material: als Leinwand 2–4 m breiter, ca. 6–7 m langer weißer oder hellblauer Stoff (Baumwolle, Nessel, Kunstfaser), 2 Teppichrollen (alternativ Holzleisten jeweils mind. 60 cm länger als der Stoff), Stofffarben, 2 Trittleitern als Gestell für die Leinwand, selbstklebende Glitzer- oder Holografiefolie

Anzahl/Alter: 12–21 MitspielerInnen im Vor- und Grundschulalter

Vorbereitung

Die drei Hintergründe auf den Stoff skizzieren:
1. **Edelsteinbild:** am unteren Rand einen ca. 1,50 m–1,80 m hohen dunkelblauen Nachthimmel aufmalen, der am oberen Rand langsam in eine grüne Wiese übergeht.
2. **Wiesenbild:** eine ca. 1,50 m–1,80 m hohe grüne Wiese, die nach oben in einen blauen Himmel übergeht.
3. **Regenbogenbild:** blauer Himmel bis zum oberen Stoffrand

Die Leinwand einmal vom unteren Ende ausgehend auf die Teppichrolle wickeln. Das obere Ende an der zweiten Teppichrolle befestigen und die Rolle auf das Gestell legen.

Aufstellung

Die Kinder gehen für die erste Strophe in Aufstellung hinter die Leinwand, z. B.:
- 4 bis 7 Kinder knien (den Po auf den Fersen) dicht nebeneinander in der ersten Reihe
- 4 bis 7 Kinder gehen in den Kniestand jeweils auf Lücke zwischen die Kinder der ersten Reihe
- 4 bis 7 Kinder stehen in der dritten Reihe, so nah wie möglich an der zweiten Reihe und stellen ihre Füße zwischen die Unterschenkel der Kinder in der zweiten Reihe.

Markierung des Regenbogenbildes

Die Kinder strecken ihre Hände gegen die Leinwand an eine Stelle, die für sie günstig zu erreichen ist. Die Gruppenleitung markiert die Stellen und das Ende des Regenbogenbildes der ersten Strophe.

Markierung des Wiesenbildes

Die Leinwand weiter hoch bis an die Stelle wickeln, wo die Wiese entstehen wird. Die Kinder stellen sich auf und strecken die Zeigefinger gegen die Leinwand, wo die Blüten entstehen sollen. Die Gruppenleitung markiert die Stellen und das Ende des Wiesenbildes.

Markierung der Edelsteine

Die Leinwand weiter hoch wickeln, die Kinder strecken ihre Zeigefinger an anderen Punkten gegen die Leinwand und die Gruppenleitung markiert die Stellen für die zeigefingerkleinen Löcher der Edelsteine.

Fertigstellung der Leinwand

Wenn alle Positionen der Löcher gefunden sind, schneidet die Spielleitung diese als senkrechte, handgroße Schlitze (1. Strophe), zeigefingerkleine Löcher (2. Strophe) und kinderhandgroße Löcher (3. Strophe) ein. Anschließend bemalt die Gruppe entsprechend der Skizzen und Markierungen die Leinwand mit einem pastellfarbenen Regenbogen außen rot, orange, gelb, grün, blau und innen violett. Auf die Wiese malen die Kinder Blumenstiele mit Blättern. Um die kleinen Löcher für die Edelsteine wird eckige Glitzerfolie geklebt.

Ist die Leinwand getrocknet, kann mit den Proben zur Musik begonnen werden.

Liedtext „Wie viel Farben..." (→ S. 97)	Bewegungsidee
Vorspiel (0:00–0:05)	*Alle stehen hinter der Leinwand bereit.* *Langsam die Leinwand nach oben aufwickeln.*
1. Strophe (0:06–0:54) Wie viel Farben hat die Welt? Frag den Regenbogen, der am hohen Himmelszelt seine Bahn gezogen. Was dein Auge sehen kann, zeigt er dir so schön. All die andern Farben kann nur dein Herz versteh'n, kann nur dein Herz versteh'n.	*Die Hände durch die Schlitze in der Leinwand stecken und langsam hin und her bewegen.* *Je nach Alter und Auffassungsgabe der Kinder die Handbewegungen choreographieren.*
Zwischenspiel (0:55–1:01)	*Die Hände herausziehen.* *Die Leinwand langsam weiter aufwickeln.*
2. Strophe (1:02–1:49) Wie viel Farben hat die Welt? Musst die Blumen fragen, die auf Halmen ungezählt ihre Blüten tragen. Sieh die bunte Farbenpracht, die im Licht erblüht, und dann such in dunkler Nacht, was dein Herz nur sieht, such, was dein Herz nur sieht.	*Die Zeigefinger durch die Löcher stecken und hin und her bewegen.*
Zwischenspiel (1:50–1:56)	*Die Finger herausziehen.* *Die Leinwand weiter aufwickeln.*
3. Strophe (1:57–2:48) Wie viel Farben hat die Welt? Frag die Edelsteine. Mancher wurde viel zu schnell blind von ihrem Scheine. Was ihr Funkeln und ihr Glanz dir auch je verspricht, was du mit dem Herzen siehst, glänzt auch ohne Licht, das glänzt auch ohne Licht.	*Die Hände durch die Schlitze stecken und alle Finger oder die Hände ruhig bewegen.*
Schluss	*Die Leinwand weiter aufwickeln, bis alle Kinder dahinter zu sehen sind. Zur Überraschung der Zuschauer sind auch die Gesichter der MitspielerInnen bunt bemalt oder geschminkt.*

Überall ist Wunderland

Kinder sind Seelen,
die spür'n, wofür wir längst schon stumpf sind.
Sie zeigen ihre Gefühle und schämen sich nicht.

Kinder sind Augen,
die seh'n, wofür wir längst schon blind sind.
Sie zeigen uns von den Dingen das andre Gesicht.

Überall ist Wunderland,
jeder kann es seh'n
und noch einmal unter dem Regenbogen steh'n.
Überall ist Wunderland,
jeder darf hinein,
und man sagt, ein Kinderherz kann der Schlüssel sein.

Kinder sind Ohren,
die hör'n, wofür wir längst schon taub sind.
Sie geben Tönen und Worten ein neues Gewicht.

Überall ist Wunderland …

Kinder sind Spiegel,
die zeigen, was wir gern verbergen.
Sie sagen uns, wer wir sind,
ob wir's woll'n oder nicht.

Überall ist Wunderland …

Text: Rolf Zuckowski. Von der CD „Zeit für Kinder – Zeit für uns" © 1984 by Musik für Dich Rolf Zuckowski OHG

Register

Lieder

Das Wetter, CD-Nr. 7	72
Es macht Spaß, CD-Nr. 3	30
Ich bin sauer, CD-Nr. 8	75
Links und Rechts, CD-Nr. 2	24
Mami, jetzt trimm ich dich fit, CD-Nr. 4	42
Meine Heimat ist ein kleiner blauer Stern, CD-Nr. 6	62
Starke Kinder, CD-Nr. 5	50
Wie viel Farben hat die Welt?, CD-Nr. 9	97
Wir sind Kinder, CD-Nr. 1	15

Musik-Spiel-Ideen

Alle machen Fehler	19
Das Wetterr	73
Die Links-Rechts-Lerntapete	25
Die Ohren spitzen beim Gehen	11
Drehen, Kullern, Rollen wie der Erdball	64
Fingerspieltheater oder Regenwurmballett	98
Herzlich willkommen	6
Hüpfen – Hopsen – Springen	12
Im Fitness-Freizeit-Park	36
Karton-Spielereien für starke Kinder	57
Kleines Familien-Verwöhn-Programm	31
Liegen, Hören, Träumen	63
Schwingende Sternenbahnen	66
Starke-Kinder-Ketten	52
Tip, Top, Fit – wir machen alle mit!	23
Überkreuz und Überquer	20
Zehenspitze oder Trampelmann, wer läuft denn da?	14
Zu Besuch bei Familie Luftballon	34

Spielaktionen

Auf den Spuren des kleinen Wassertropfens	93
Die Geschichte eines kleinen Wassertropfens	78
Eine Flusslandschaft auf dem Spielplatz	85
Eine Flusslandschaft in der Turnhalle	88
Kleine Wassertropfen-Abenteuer	79
Spielstationen am Flussufer	89

Vorführkonzepte

Die Reise des kleinen Wassertropfens	82
Starke Kinder – eine Vorführidee mit Kartons	59
Heimlich geübt	44
Meine Heimat ist ein kleiner blauer Stern	68
Wer links und rechts nicht unterscheiden kann	27
Wie viel Farben hat die Welt?	99
Wir sind Kinder	16

Bastelvorschläge

Überkreuz-Übungen	21
Die Links-Rechts-Lerntapete	25
Flugvögel am Band	69
Leinwand für das Fingerspieltheater	101
Leinwand für das Regenwurmballett	98
Luftballonfrösche	92
Papierschiffe	91
Spielaufgaben auf Riesenwassertropfen	94
Stockfische und andere Wassertiere	85
Tannenbaumkostüm	68/69
Wassertropfen-Einladung	94
Wassertropfenkostüme	82
Wassertropfen zum Spielen	79

Die Instrumentalaufnahmen

Zur Nutzung der Instrumentalaufnahmen für weitere Bewegungsaktionen sind nachfolgend jeweils die Hauptbewegungsformen, die Zeitangaben und die Grundstruktur beschrieben:

CD-Nr. 10 „Herzlich willkommen" zum Gehen, Laufen, Hüpfen

Vorspiel:	(0:00–0:07)				
Teil A1:	(0:08–0:57)	Teil B1:	(0:58–1:21)	Teil C1:	(1:22–1:49)
Teil A2:	(1:50–2:31)	Teil B2:	(2:32–2:56)	Teil C2:	(2:57–3:22)
Teil A3:	(3:23–4:04)	Teil B3:	(4:05–4:30)	Teil C3:	(4:31–4:57)
		Teil B4:	(4:58–5:26)		

CD-Nr. 11 „Du gehörst zu uns" zum Gehen und Hüpfen

Vorspiel:	(0:00–0:22)				
Teil A1:	(0:23–0:54)	Teil B1:	(0:55–1:28)		
Teil A2:	(1:29–2:09)				
Zwischenspiel:	(2:10–2:18)	Teil B2:	(2:19–2:51)	Schluss:	(2:52–3:00)

CD-Nr. 12 „Alle machen Fehler" zum Gehen und Hüpfen

Vorspiel:	(0:00–0:04)		
Teil A1:	(0:05–0:39)	Teil B1:	(0:40–0:57)
Teil A2:	(0:58–1:31)	Teil B2:	(1:32–1:49)
Teil A3:	(1:50–2:23)	Teil B3:	(2:24–2:39)
Teil A4:	(2:40–3:11)	Schluss:	(3:12–3:18)

CD-Nr. 13 „Kinder sind das Größte" zum Hüpfen

Vorspiel:	(0:00–0:10)				
Teil A1:	(0:11–0:27)	Teil B1:	(0:28–0:44)		
Teil A2:	(0:45–1:00)	Teil B2:	(1:01–1:18)		
Teil A3:	(1:19–1:34)	Teil B3:	(1:35–1:51)		
Teil A4:	(1:52–2:12)	Zwischenspiel:	(2:13–2:20)	Schluss:	(2:21–2:42)

CD-Nr. 14 „Ich bin stark" zum Laufen und Rennen

Vorspiel:	(0:00–0:01)				
Teil A:	(0:02–0:31)	Teil B:	(0:32–0:44)		
Teil A2:	(0:45–1:15)	Teil B2:	(1:16–1:27)		
Teil A3:	(1:28–1:42)	Zwischenspiel:	(1:43–1:57)	Schluss:	(1:58–2:04)

CD-Nr. 15 „Als ich ein Baby war" zum Gehen, Hüpfen und „Durchhalten"

Vorspiel:	(0:00–0:08)			Wiederkehrender Musikteil, der immer etwas länger wird	
Teil A1:	(0:09–0:24)	Teil B1:	(0:25–0:35)	Teil C1:	(0:36–0:42)
Teil A2:	(0:43–1:01)	Teil B2:	(1:02–1:13)	Teil C2:	(1:14–1:22)
Teil A3:	(1:23–1:41)	Teil B3:	(1:42–1:52)	Teil C3:	(1:53–2:03)
Teil A4:	(2:04–2:23)	Teil B4:	(2:24–2:35)	Teil C4:	(2:36–2:47)
Teil A5:	(2:48–3:07)	Teil B5:	(3:08–3:18)	Teil C5:	(3:19–3:33)
		Teil B6:	(3:34–3:44)	Teil C6:	(3:45–4:00)

CD-Nr. 16 „Ich bin sauer" zum Gehen, Schleichen und Trampeln

Vorspiel:	(0:00–0:10)		
Teil A1:	(0:11–0:49)	Teil B1:	(0:50–1:21)
Teil A2:	(1:22–1:59)	Teil B2:	(2:00–2:31)
Teil A3:	(2:32–3:10)	Teil B3:	(3:11–3:41)
Teil A4:	(3:42–4:23)	Teil B4:	(4:24–4:55)
Teil A5:	(4:56–6:00)		

CD-Nr. 17 „Meine Heimat ist ein kleiner blauer Stern" zum Gehen und Träumen

Vorspiel:	(0:00–0:25)		
Teil A:	(0:26–0:53)	Teil B:	(0:54–1:26)
Teil A2:	(1:27–1:53)	Teil B2:	(1:54–2:27)
Teil A3:	(2:28–2:54)	Schluss:	(2:55–3:30)

Die Autorin / Der Liedermacher

Heidi Lindner wurde 1955 geboren und ist Erzieherin, verheiratet und hat drei Kinder. Die Eltern-Kind- und Kinderturnübungsleiterin in Neumünster war von 1989 bis 2004 Herausgeberin und Autorin der Praxisreihe „Hier bewegt sich was" und ist seit vielen Jahren in der Aus- und Fortbildung von ÜbungsleiterInnen, ErzieherInnen und GrundschullehrerInnen bei verschiedensten Trägern im In- und Ausland tätig. 1994 gründete sie die Pipo-Lernwerkstatt (Pipo = Phantasievolle Ideen Pädagogisch OK). Als Tourneeleiterin von Rolf Zuckowski managte sie in den letzten Jahren viele gemeinsame Projekte und Veranstaltungen für Familien, die Festivals „Tage voller Glücksminuten" in Bernkastel-Kues, in Bad Kissingen und „rund um die Rhön" und die FamilienSportShows „Sternenkinder" und „WinterkinderTurnshow" in mehreren deutschen Städten. Sie konzipierte und organisierte das Familienspielfest für die 13. Weltgymnaestrada 2007 in Dornbirn/Österreich.

Kontaktadresse für Veranstaltungen, Seminare und Elternabende:
Pipo-Lernwerkstatt Heidi Lindner
Hainbuchenweg 16a
24536 Neumünster
Tel: (0 43 21) 3 21 22
Fax: (0 43 21) 3 96 25
E-Mail: info@pipo-lernwerkstatt.de
www.pipo-lernwerkstatt.de

Rolf Zuckowski wurde 1947 in Hamburg geboren. Schon während der Schulzeit wurde seine Musikbegeisterung durch die Beat- und Folkmusik der 1960er Jahre geweckt. Mit der Geburt seiner Tochter Anuschka (1971) begann nach einer Phase als Autor von Popsongs und Schlagern die Freude am Liedermachen und Singen für Kinder und mit Kindern. Viele seiner Lieder und Singspiele, wie „In der Weihnachtsbäckerei" und „Rolfs Vogelhochzeit", erklingen heute bereits in der zweiten Generation in nahezu jeder Familie. Mit seinem Geburtstagslied „Wie schön, dass du geboren bist" hat Rolf Zuckowski eines der neuen Volkslieder unserer Zeit geschaffen.
www.musik-fuer-dich.de

Die Illustratorin

Annie Meussen, geb. 1949, wohnt und arbeitet in den Niederlanden. Bereits als junges Mädchen erhielt sie professionellen Malunterricht von ihrem Vater. Seither hat sie sich vor allem in der Detailzeichnung weiterentwickelt. Nach ihrer Schulzeit arbeitete Annie Meussen als Erzieherin mit kranken Kindern in einem der wenigen Krankenhäuser, an die auch eine Schule angegliedert war. Seit 1990 ist sie selbstständige Illustratorin von Kinderbüchern, Postkarten und Kalendern. Für den Ökotopia Verlag hat Annie Meussen schon viele schöne Bücher liebevoll illustriert, 2005 das erste Buch in der Reihe *Rolf Zuckowski und seine Lieder*, „Feste feiern & gestalten rund um die Jahresuhr".

... und dazu der Tonträger von Rolf Zuckowski

Bewegung mit Musik macht Kinder stark

Bewegende Lieder und Instrumentalaufnahmen
bekannter Rolf-Zuckowski-Titel zum Spielen, Turnen und Tanzen

„Es macht Spaß" heißt einer der 17 Titel von Rolf Zuckowski auf dieser CD, die mit ihrer einmaligen Zusammenstellung von neun Liedern und acht Instrumentalaufnahmen Kinder und Erwachsene gleichermaßen in Bewegung bringt. Hier finden GruppenleiterInnen in Kindertagesstätten, Grundschulen, Vereinen und sonstigen Einrichtungen Musik für die alltägliche Arbeit und für besondere Anlässe.

Mit dem Lied „Herzlich willkommen" gelingt jede Begrüßungssituation, „Mami, jetzt trimm ich dich fit" ist der liebevolle Appell, Kindern ein aktives und gesundes Leben zu schenken, und „Wir sind Kinder, der Stoff aus dem die Zukunft ist" bewegt nicht nur im motorischen Sinne. Mit dem Lied „Meine Heimat ist ein kleiner blauer Stern" gelingt ein ganz besonderer Blick auf unsere Heimat. Wenn Lieder wie „Das Wetter" und „Ich bin sauer" dafür sorgen, dass unsere Gefühle Purzelbäume schlagen, so kehren mit der musikalischen Frage „Wie viel Farben hat die Welt" wieder Ruhe und Nachdenklichkeit ein.

Die Instrumentalaufnahmen laden alle Kinder und Erwachsenen ein, immer neue Musik-Spiel-Ideen und Bewegungsanregungen zu erfinden. Die Titel sind den Bewegungsarten Gehen, Laufen, Rennen, Hüpfen, Springen und Tanzen zugeordnet und in ihren Tempi den kürzeren Beinen und Schritten der Kinder angepasst worden. Sie eignen sich ausgezeichnet, um Veranstaltungen atmosphärisch zu untermalen. Die CD wurde auf das gleichnamige Buch von Heidi Lindner abgestimmt.

ISBN 978-3-86702-028-2

Kinder begeistern ...
mit Liedern, Tänzen und Geschichten aus dem Ökotopia Verlag

Michi Vogdt
Helau, Alaaf und gute Stimmung
Närrische Tanz- und Feierlieder zum Mitsingen und Austoben für kleine und große Jecken

Eine lustige Zusammenstellung für Karnevalspartys aller Art. Vom Mitmach-Marsch über Samba bis zum Alpen-Rap sind diese närrischen Songs eine echte Fundgrube.
ISBN (CD): 978-3-936286-32-8 · ISBN (Buch): 978-3-936286-31-1

Rolf Zuckowski
Feste feiern rund um die Jahresuhr
16 Gute Laune Lieder für alle Jahreszeiten

Eine bunte Zusammenstellung der beliebtesten Hits von Rolf Zuckowski zum Mitsingen und Mitmachen

ISBN (CD): 978-3-936286-69-4 · ISBN (Buch): 978-3-936286-68-7

Hartmut E. Höfele
Lichterfeste
Stimmungsvolle Lieder und Geschichten zum Mitsingen, Zuhören, Tanzen und Feiern in der Lichterzeit

Eine Mischung aus traditionellen Laternenlauf-Liedern und neuen Kompositionen und Geschichten rund um das Licht.
ISBN (CD): 978-3-936286-67-0 · ISBN (Buch): 978-3-936286-66-3

Hartmut E. Höfele
Feuerwerk und Funkentanz
Stimmungsvolle Lieder, Tänze und Geschichten rund ums Thema Feuer

Die Titel animieren zum Mitsingen und sorgen beim gemeinschaftlichen Lagerfeuer für Stimmung.

ISBN (CD): 978-3-931902-86-5 · ISBN (Buch): 978-3-931902-85-8

Michi Vogdt
Hallo Halloween
Lustig-schaurige Lieder zum Gruseln und Mittanzen

Mit ebenso humorvollen wie gruseligen Liedern und kurzen Infotexten vermittelt die CD neben Klamauk und Feierspaß viel Wissenswertes rund um das Halloween-Fest.
ISBN (CD): 978-3-936286-28-1 · ISBN (Buch): 978-3-936286-27-4

ERDENKINDER KINDERWALDCHOR
Unmada M. Kindel
Wunderwasser
Starke Lieder und Tänze aus dem Kinderwald

Die Melodien und Rhythmen fordern auf zum Tanz, aber auch zum Träumen und Innehalten.

ISBN (CD): 978-3-931902-66-7 · ISBN (Buch): 978-3-931902-65-0

Kinder spielen Geschichte

Floerke + Schön
Markt, Musik und Mummenschanz
Stadtleben im Mittelalter

Das Mitmach-Buch zum Tanzen, Singen, Spielen, Schmökern, Basteln & Kochen

ISBN (Buch): 978-3-931902-43-8
ISBN (CD): 978-3-931902-44-5

H.E.Höfele, S. Steffe
Der wilde Wilde Westen
Kinder spielen Abenteurer und Pioniere

ISBN (Buch): 978-3-931902-35-3
ISBN (CD): 978-3-931902-36-0

Jörg Sommer
OXMOX OX MOLLOX
Kinder spielen Indianer

ISBN: 978-3-925169-43-4

Bernhard Schön
Wild und verwegen übers Meer
Kinder spielen Seefahrer und Piraten

ISBN (Buch): 978-3-931902-05-6
ISBN (CD): 978-3-931902-08-7

Im KIGA, Hort, Grundschule, Orientierungsstufe, offene Kindergruppen, bei Festen und Spielnachmittagen

Auf den Spuren fremder Kulturen

Die erfolgreiche Reihe aus dem Ökotopia Verlag

H.E. Höfele - S. Steffe
Kindertänze aus aller Welt
Lebendige Tänze, Kreis-, Bewegungs- und Singspiele rund um den Globus

ISBN (Buch): 978-3-936286-40-3
ISBN (CD): 978-3-936286-41-0

P. Budde, J. Kronfli
Regenwald & Dschungelwelt
In Spielen, Liedern, Bastelaktionen, Geschichten, Infos und Tänzen die faszinierende Welt der Regenwälder erleben

ISBN (Buch): 978-3-936286-96-0
ISBN (CD): 978-3-936286-97-7

Monika Rosenbaum
Pickadill & Poppadom
Kinder erleben Kultur und Sprache Großbritanniens in Spielen, Bastelaktionen, Liedern, Reimen und Geschichten

ISBN (Buch): 978-3-936286-11-3
ISBN (CD): 978-3-936286-12-0

Kinderweltmusik im Internet
www.weltmusik-fuer-kinder.de

Comenius Siegel 2005

H.E. Höfele, S. Steffe
In 80 Tönen um die Welt
Eine musikalisch-multikulturelle Erlebnisreise für Kinder mit Liedern, Tänzen, Spielen, Basteleien und Geschichten

ISBN (Buch): 978-3-931902-61-2
ISBN (CD): 978-3-931902-62-9

Pit Budde, Josephine Kronfli
Wer sagt denn hier noch Eskimo?
Eine Reise durch das Land der Inuit mit Spielen, Liedern, Tänzen und Geschichten

ISBN (Buch): 978-3-936286-73-1
ISBN (CD): 978-3-936286-74-8

D. Both, B. Bingel
Was glaubst du denn?
Eine spielerische Erlebnisreise für Kinder durch die Welt der Religionen

ISBN: 978-3-931902-57-5

Hartmut E. Höfele
Europa in 80 Tönen
Eine multikulturelle Europareise mit Liedern, Tänzen, Spiele und Bräuchen

ISBN (Buch): 978-3-931902-87-2
ISBN (CD): 978-3-931902-88-9

Pit Budde, Josephine Kronfli
Hano Hanoqitho
Frühling und Osterzeit hier und anderswo

Ein internationaler Ideenschatz mit Spielen, Liedern, Tänzen, Geschichten, Bastelaktionen und Rezepten

ISBN (Buch): 978-3-936286-56-4
ISBN (CD): 978-3-936286-57-1

Miriam Schultze
Sag mir, wo der Pfeffer wächst
Spielend fremde Völker entdecken

Eine ethnologische Erlebnisreise für Kinder

ISBN: 978-3-931902-15-5

Umwelt spielend begreifen aus dem Ökotopia Verlag
Hafenweg 26a · D-48155 Münster

A. u. B. Neumann
Wasserfühlungen
Das ganze Jahr Naturerlebnisse an Bach und Tümpel – Naturführungen, Aktivitäten und Geschichtenbuch

Ein Handbuch für Naturwahrnehmungen an Kleingewässern mit Experimenten, Rezepten, Geschichten und spannenden Informationen zur Biologie und Mythologie von Pflanzen und Tieren. Für jede Jahreszeit werden verschiedene Spiele und Wahrnehmungsübungen vorgestellt.

ISBN: 978-3-936286-13-7

Martina Kroth
Von Leuchtfischen und Meerjungfrauen
Kleine Landratten erfahren spielerisch Spannendes und Wissenswertes über den Lebensraum Meer

Kinder holen sich das Meer nach Hause und erforschen Ozean und Küste, Schifffahrt und Wetter, Meerestiere und Seeungeheuer in vielfältigen Spielen, Experimenten, Geschichten, Bastelaktionen und Rezepten.

ISBN: 978-3-936286-35-9

A. u. B. Neumann
Wiesenfühlungen
Das ganze Jahr die Wiese erleben Naturführungen, Wahrnehmungsspiele und Geschichtenbuch

Wiesen sind Orte verschiendenster Geräusche, Gerüche, Farben und auch Gaumenfreuden, die nicht nur unseren Huftieren und Hasen schmecken. Unsere Wiesen sind aber auch Abenteuer- und Spielplätze, Orte der Ruhe und des Sonnenbadens, ein Zauberland, eine Universität und ein Garten.

ISBN: 978-3-931902-89-6

Leonore Geißelbrecht-Taferner
Die Garten-Detektive
Mit vielfältigen Experimenten, Spielen, Bastelaktionen, Geschichten und Rezepten den blühenden Frühjahrsboten auf der Spur

Mit Lupe und detektivischer Spürnase begeben sich Kinder auf die Suche nach Frühjahrsblühern im eigenen Garten und in Feld, Wald und Wiese. Ob Veilchen, Gänseblümchen oder Löwenzahn – alle Pflanzen haben ihre eigenen Besonderheiten und Fähigkeiten, die es zu entdecken gilt.

ISBN: 978-3-936286-58-8

A. u. B. Neumann
Waldfühlungen
Das ganze Jahr den Wald erleben – Naturführungen, Aktivitäten und Geschichtenfibel

Der Wald ist ein Abenteuer – ein Spielplatz, ein Zauberland, eine Universität und ein Garten. Die Bäume erzählen uns Geschichten, die in Sagen, Märchen und Gedichten weitergegeben werden. Aber auch andere Waldbewohner bieten Interessantes und Erstaunliches.

ISBN: 978-3-931902-42-1

K. Saudhoff, B. Stumpf
Mit Kindern in den Wald
Wald-Erlebnis-Handbuch
Planung, Organisation und Gestaltung

Es ist den Autorinnen gelungen, aus ihren vielfältigen Erfahrungen in Projekten mit Kindergruppen ein echtes Wald-Erlebnis-Handbuch zusammenzustellen, das von der Planung, Organisation bis hin zur Durchführung zahlreiche Anregungen und Hilfestellungen gibt.

ISBN: 978-3-931902-25-4

A. u. B. Neumann
Wetterfühlungen
Das ganze Jahr das Wetter mit allen Sinnen erleben

In diesem Buch finden Sie Anleitungen für die Wahrnehmung von Wetterphänomenen in Spielen, Projekten und Märchen sowie spannende Informationen. Für jeden Monat werden meteorologische Besonderheiten, Bauernregeln, der Naturkalender sowie Pflanzen und Tiere als Wetterpropheten vorgestellt, die das Interesse an Wettererscheinungen und deren Folgen wecken.

ISBN: 978-3-86702-004-6

B. Hesebeck, G. Lilitakis, S. Schulz, D. Gouder
Mit Robin Hood in den Wald
Waldabenteuer für Kinder: Naturerlebnisse, Tobe- und Geländespiele, Bastelaktionen mit Naturmaterialien, Infos über Pflanzen und Tiere und Geschichten von Robin Hood und seinen Gefolgsleuten

Gelungene Aktionen, spannendes Hintergrundwissen und Checklisten bieten optimale Anregungen für die praktische Arbeit.

ISBN: 978-3-936286-10-6

Der Fachverlag für gruppen- und spielpädagogische Materialien

Ökotopia Verlag und Versand

Fordern Sie unser kostenloses Programm an:

Ökotopia Verlag
Hafenweg 26a · D-48155 Münster
Tel.: (02 51) 48 19 80 · Fax: 4 81 98 29
E-Mail: info@oekotopia-verlag.de

Besuchen Sie unsere Homepage! Genießen Sie dort unsere Hörproben!

http://www.oekotopia-verlag.de
und www.weltmusik-fuer-kinder.de

Reihe: Pädagogische Kompetenz

Elke Schlösser
Zusammenarbeit mit Eltern – interkulturell

Informationen und Methoden zur Kooperation mit deutschen und zugewanderten Eltern in Kindergarten, Grundschule und Familienbildung

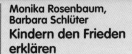

Elternarbeit wird von ErzieherInnen und PädagogInnen oft als notwendiges Übel empfunden, und Zuwanderer-Familien scheinen dabei meist ein besonderes „Problem" darzustellen.
Dass Elternarbeit auch konstruktive Zusammenarbeit bedeuten kann, beweist das vorliegende Buch. Die Autorin zeigt kreative Wege auf, die Kooperation mit allen Eltern zu initiieren und fruchtbar werden zu lassen. Zugewanderte Eltern werden hier als Menschen mit besonderen Erfahrungen und sprachlichem und kulturellem Fachwissen begriffen, das genutzt werden kann und soll.
PädagogInnen erhalten methodische Anleitungen zur Umsetzung interkultureller Gesprächsführung bei Aufnahme- und Tür-und-Angel-Gesprächen, für Gruppenarbeit und thematische Elternabende. Die Autorin macht Mut neue Wege zu gehen und den Dialog zwischen deutschen und zugewanderten Eltern zu fördern.

ISBN: 978-3-936286-39-7

Monika Rosenbaum, Barbara Schlüter
Kindern den Frieden erklären

Krieg und Frieden als Thema in Kindergarten und Grundschule

Ein aktionsorientierter Pädagogik-Ratgeber für alle, die zum Frieden erziehen wollen, ohne die Existenz von Krieg und Gewalt auszublenden. Krieg im Kinderspiel, Aggressionstheorien und der konstruktive Umgang mit Konflikten sind nur einige der Themen. Hintergrundinfos werden ergänzt durch Aktionsangebote für die Kindergruppe und die Arbeit im Team.

ISBN (Buch): 978-3-936286-64-9

Pit Budde, Josephine Kronfli
Shalom – Salam – peace4kids
Internationale Kinderlieder für den Frieden

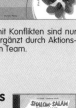

Auf der CD finden sich Texte und Anregungen für ein friedliches Miteinander der Kinder dieser Welt.

ISBN (CD): 978-3-936286-65-6

Petra Hinderer, Martina Kroth
Kinder bei Tod und Trauer begleiten

Konkrete Hilfestellungen in Trauersituationen für Kindergarten, Grundschule und zu Hause

Jährlich sind tausende von Kindern vom Tod einer nahe stehenden Person betroffen, ob innerhalb der eigenen Familie oder in Kindergarten oder Grundschule. Die meisten Erwachsenen sind angesichts trauernder Kinder verunsichert und fühlen sich häufig überfordert, sodass diese oft auf sich allein gestellt bleiben und in ihrer unterschiedlichen Art der Trauer nicht wahr- und ernst genommen werden.

Doch Kinder brauchen Hilfestellungen, um mit ihren Verlusten umzugehen und ihre Ängste zu bewältigen. Die beiden Autorinnen geben dazu konkrete Anregungen: von der Elterninformation über die Aussprache im Kollegium bis hin zur gemeinsam gestalteten Trauerfeier. Voraussetzung für das Eingehen auf das trauernde Kind, die Bedürfnisse der Gruppe und der Betreuenden ist die eigene Auseinandersetzung mit dem meist tabuisierten Thema. Die Kunst, sich nicht zu identifizieren und Kinder trotzdem einfühlsam zu begleiten, wird anschaulich vermittelt.
Daneben gibt es Anregungen, bereits im Vorfeld eine Kultur des „abschiedlichen Lebens" in der Einrichtung zu entwickeln. Kinder bekommen so die Möglichkeit, Verlust und Trauer spielerisch zu begreifen.

ISBN: 978-3-936286-72-4

Sybille Günther
In Projekten spielend lernen

Grundlagen, Konzepte und Methoden für erfolgreiche Projektarbeit in Kindergarten und Grundschule

Projekte in Kindergarten und Grundschule eignen sich auf hervorragende Weise in einer begrenzten Zeit eine Fülle von Fähigkeiten zu fördern, Zusammenhänge zu erkennen, vernetzt zu arbeiten und die Einzelnen mit seinen Vorlieben und Kompetenzen optimal einzubinden.
Dieses Buch zeigt allen pädagogisch Tätigen leicht verständlich, wie sie ein Projekt sinnvoll initiieren, planen und so begleiten können, dass alle Beteiligten berücksichtigt werden:
- Ausgehend von der Geschichte der Projektarbeit allgemein führt der erste Teil hin zum Einsatz der Methode in Kindergarten und Grundschule.
- Im zweiten Teil rückt die Projektarbeit im Kindergarten in den Mittelpunkt: Zielklärung, Themenwahl, Methodik, die vier Phasen der Projektarbeit.
- Den dritten Schwerpunkt bildet die sichere Planung von Projekten in der Grundschule: Zielklärung und Methodik, Projektanregungen zu einzelnen Fächern und Fächerverbünden, Projektdurchführung als Einzel- wie auch als gemeinsames Schulprojekt.

ISBN: 978-3-86702-001-5